めざそう！ホワイト企業

経営者のための労務管理改善マニュアル

経営者ブック

ホワイト弁護団

旬報社

はじめに

労働市場の需給バランス（「売り手市場」への変化）が激変するなかで、会社経営者としては待ったなしの労務対策が必要とされています。また、社会全体で「働き方改革」が議論されており、そのなかで今の会社の実情を踏まえながらどのような「会社の将来像」を想定し行動するのかも問われています。そして、多くの経営者や労務管理担当者が「わが社はどうしたらいいのか」という疑問を持っています。

それに呼応するように、労働問題や労務管理に関する多くの解説書が出版され、また各種セミナーも開催されています。それらは、法律上当然のことが、わかりやすい「ノウハウ」として解説する内容となっており、その意味では「参考になる」ものが少なくありません。しかし、残念ながら、それらの解説の多くは、それぞれの問題に内在する「問題の本質」に立ち入ったものではありません。そのため、個別案件について一度解決したとしても、同じような問題・トラブルが何度も繰り返され、結局、「わが社は変わっていなかった」ということになるのです。

本書は、従来の「経営本」とはまったく異なる観点から「会社経営」とりわけ「労務管理」について、労働契約の本質からアプローチするという内容になっています。そして、その〝核〟は、「労務管理における経営者の自覚と覚悟」であり、労務管理における経営者の「自覚と覚悟」（責任）の内容を真正面から問うものです。これは、私が経験した労働者側・経営者側の労働事件を両方の立ち位置を通じて獲得したものと、私の依頼者や顧問先を含む多くの経営者から聴き取ったものとをベースにしています。

本書は、「ホワイト企業」をめざす「経営者」のための『バイブル』になりうるものだと考えています。おそらく多くの経営者や労務管理担当者が、漠然と感じていること、気づいていること、そして、問題を避け逃げていることを、真正面から突き詰める内容になっています。

本来、弁護士は法律問題についての助言を行なうことをその職責としており、経営問題には立ち入らないという不文律があります。しかし、本書はその不文律を超えた問題提起を行なっています。

願わくは、意欲ある経営者・経営陣（そこをめざす方々）に、本書を最後まで読み切っていただき、「経営者の責任」そして「企業のあるべき姿」というものを本気で考え、そのための実践に挑戦していただきたいと思っています。

ホワイト弁護団代表　弁護士

大川原　栄

目次 CONTENTS

第2章 労働契約の本質とは――経営者の自覚と覚悟

第3章 経営者の義務とホワイト企業実現に向けて――労務管理の基本スタンス

労務トラブルQ&A

第1章

ホワイト企業であること
―「理想の会社」をめざす

本章では、経営者がめざす「理想の会社」について、それがどのような会社であるのかをシンプルに考え、会社の原点・基本原理を押さえます。そして、なぜ「ホワイト企業」をめざすべきなのかについてお話しします。

「理想の会社」とは?

「理想の会社」とは、どのような会社なのでしょうか。

これについては、各経営者の「経営哲学」が決定的な意味をもちますし、一つの型にあてはめることは難しいかもしれません。しかし、それを端的に言えば、「中長期的かつ確実に継続発展していく会社のあり方」が一つの「理想の会社」であるといえるのではないでしょうか。

そのような会社は、経営者を含む経営陣と労働者との間に良好な関係が形成され、それを前提に労働者の給与が確保されるなかで取引が順調に推移し会社の利益が出ていると考えられます。

つまり、次のような条件を満たしていることになります。

①　順調な取引の継続
②　適正な利益の存在
③　良好な労使関係の形成

実は①および②は、③が直接反映しているのです。

利益を最大化するには

[売上－経費＝利益]

売上 ＝ 経営者（経営陣）と労働者の企画立案とその実行による収入

ブラック的対応 ≫ **労働者に対する強制による方法**
一時的には力を発揮しても、継続しない
→**非効率的労働**

ホワイト的対応 ≫ **労働者の自主性にもとづく方法**
相応の対価の支払と仕事の意義の理解で、継続的に力を発揮する→**効率的労働**

経費 ＝ 原価＋物件費＋人件費等

ブラック的対応 ≫ **法令を無視・違反してでも、人件費を削減**
① 強制による方法と同様、結果的には非効率的労働
② 労働者の定着率が悪く、求人費用の実質的増大
③ 経験が蓄積されず、同じことの繰り返しによる無駄の増大
④ 企業イメージの悪化による売上の減少

ホワイト的対応 ≫ **必要な支出は惜しまない。**
一時的な経費増大にはなるが、
① 労働者の自主性を引き出すことによる効率的労働の実現
② 労働者の定着率が上がり、求人費用の減少
③ 労働者の定着がもたらす経験の蓄積による効率的業務遂行
④ 企業イメージの向上による売上の増加

ホワイト企業が
「理想の会社」

図表のとおり「順調な取引の継続」は、経営者の経営判断とその経営判断を前提とした労働者の業務遂行が不可欠であり、効率的な労働（労働者の業務遂行）の実現なくして、「適正な利益の存在」もありえません。そして、これらは、「良好な労使関係」の形成なくして、実現しないのです。

ホワイト企業をめざすために必要なこと

どのような会社が「ホワイト企業」といえるのかは、一義的に決めることはなかなか難しい部分もありますが、一般的には法律（とくに労働法）を適正に遵守している会社と定義できると思います。しかし、会社を構成している存在が人である以上、常に完璧に法律を遵守することは困難ともいえます。

そこで、「ホワイト企業」を定義するとすれば、

① 経営者・経営陣が法律を適正に遵守しようとする意欲を有し、
② 会社内規等が法律に準じて整備され、実際の運用も適正に行なわれており、
③ それは労働者自身の実感においても裏付けられる、

という会社ということになります。

仮に法律違反を犯した場合でも、その違反の事実が明らかになったところで速やかにその問題点を是正する方向で修正を加えることができる会社もまた「ホワイト企業」といえます。

「ホワイト企業」をめざすためには、経営者自身がそれを真剣に考え、実行することが不可欠です。

本書においては、それに至る道筋を経営の内容、労働契約の根本に遡り、一緒に考えていきます。

どうして会社を経営しているのでしょうか？

会社経営の目的は何なのか、経営者にとっての「利益」とは何か、その利益追及の目的は何なのか、を改めて考えてみます。

このようなことは、当たり前のことであり、考えるまでもないという意見もあるかもしれませんが、経営についての原点ですので、自分が会社を立ち上げたときのことを振り返りながら改めて考えてみましょう。

「何のために会社を経営しているのですか？」と経営者に問えば、「儲けるため」という答えが返ってくるでしょう。

それに続けて、「それだけですか?」と問えば、「それ以外に何がありますか?」と答える経営者と、少し考えて「やりたい仕事をやりたいから」「今やっている仕事が面白いから」と答える経営者がいます。

どちらが正しいとは言えませんが、「儲けるため」と答えた経営者も本音の部分では、仕事をすることに何らかの意味を持っているからこそ会社を経営しているのではないか、と強く感じます。

会社経営の目的は、それを突き詰めると「儲けるため」「利益獲得」にあることは当然としても、「利益獲得」に加えて「やりがい」というものを位置付けることが可能です。その意味で、会社経営は大きくこの二つの目的(「儲けること」と「やりがい」)にあると思います。

世の中には無数の仕事があり、そのなかで、なぜ今の仕事を自分の仕事にしているのか、あるいは仕事にしようとしているのかは、一言で語り尽くせない様々な偶然の積み重ねの結果なのでしょう。しかし、その仕事に何らかの価値や面白さを見いだし(当初は単に「儲かりそう」と判断したことも含まれます)、「儲かること=利益追及」を含め何らかの「やりがい」があるからこそ、その仕事を続けているのではないでしょうか。

会社経営を考えるに当たっては、この原点となる会社経営の目的を常に意識し続けることが必要不可欠です。

利益の構造―儲けとは何か？

「利益の構造」はどのようなものでしょうか。

「儲け（利益）」とは何かという問いに、「売上から経費を引いたもの」という答えがもっとも単純でシンプルな説明でしょう。

そして、「経費」とは、「原価（仕入費）、物件費、人件費を合計したもの」であり、売上を伸ばしつつ経費を削減することが利益獲得のための単純な構造です。

経営者は、「儲けること」を大きな目的としながらも、それに加えて会社を経営することによる何らかの「やりがい」を見出そうとします。まずは、自分自身、家族の生活を守ることであり、また、社員や社員の家族の生活を守ることでしょう。そして、会社経営による経営者の競争心の満足であったり、社会に対する貢献であったりということになります。

経営者は、その「やりがい」を意識しつつ、その前提として「儲け（利益）」を出すべく様々な工夫をするわけですが、最終的には「儲け（利益）」を出すために売上を増やし、また、経費削減に力を注ぐことになります。

経営者は、売上向上をめざし、同時に、経費削減を行なうなかで「利益の構造」のもと、「利益」

追及をめざします。

市場経済原理のもとでは、利益追及は必然かつ当然のことです。その利益の一部は次の事業投資や事業の不安定要素を考慮して準備金として会社に留保され、その一部は役員報酬、株主への配当という形で配分されます。経営者は、役員報酬や株式配当という形で利益の一部から「お金」を取得し、自分や家族のための、より「豊かな生活」のために遣うことになります。そして、さらなる「豊かな生活」をめざして利益を追及するということも、当然に肯定されるべきことです。

利益追及によって「豊かな生活」をめざすということが肯定されるべき経営者の目的であったとしても、経営者が経営をする本音は実のところそこだけにはないと強く思います。

本音としては、「事業が面白い」「仕事が面白い」ということで仕事に自分なりの「やりがい」を見つけ、それを追い求めていくためには事業を拡大したい、そのためには資金が必要であってその元になるのは利益だからそれを追及しているのではないでしょうか。

そして、その「利益を追求する姿勢」が、最終的には社会全体を動かし、社会全体を支えていくことになるのですが、その原点はあくまで経営者あるいはその会社の「儲けたい」と「やりがい」にあることを忘れてはならないのです。

そもそも「経営とは何か」をわかっていますか？

多くの経営者は、「経営」がわかっているつもりになっています。苦労を重ねながら「経営」についての経験を重ねて現在に至っているのですから、その苦労や経験は貴重なものです。ただ、そのなかで得たものが不十分であったり、方向性が違っているような場合には、それにこだわるのではなく少しでも早くそれを修正することが大事です。

●勘違い経営論の払拭

「自分は経営のプロだ」という言葉をよく耳にします。「経営セミナー」という看板を掲げた講習会はいたるところで開催されていますが、そこにいう「経営」とは何を意味するのでしょうか？

そこに共通するのは、いかに効率的に売上を上げ、また、どのように経費を削減するのかということに関する方法論です。その方法論については、それなりの合理性があるものもあり、その内容を全否定するつもりはありません。

とりわけ、いかに売上を増加させるのかは、たとえば先代社長のやり方や、同業・異業種社長のやり方から学ぶ機会があり、また、様々なレベルにおける分野ごとのコンサルティングの専門化も進んであり、各種セミナーからそれらを学ぶことも可能です。経営者の多くは、そのようなことを学ぶなかで「売上増加」をはかることが「経営」だと勘違いしています。当然、「売上増加」は経営の大事な側面ですが、その「売上増加」を行なう主体は経営者（経営陣）と会社構成員（＝労働者）であり、労働者の頑張りがない限り「売上増加」はありえません。

しかし、ほとんどの「経営論」は、「売上増加」の方法論に力を注ぐだけで、会社と労働者との関係を軽視するという傾向が非常に強いものになっています。そして、労働者との関係を軽視するどころか労働者を「モノ」扱いするなかで、経営者の目論見どおりの成果を出すことができない場合に、

COLUMN①

いわゆる「経営論」「経営者論」について

経営者に必要な力、いわゆる経営論あるいは経営者論については、多数のテキストが発売され、また、セミナー・研修が実施されています（たとえば、テキストとしてはユニクロ社長柳井氏の「経営者になるためのノート」）。そこで指摘されている経営者に必要とされる「力」を否定するつもりはありませんし、有用な内容が含まれていることもあります。

しかし、そのようなテキストやセミナーにおいて決定的に欠落しているものは、そこで求められる経営者の「力」が組織内の労働者との共同あるいは協働をきちんと考慮していないということです。

本来、経営者に求められるはずの労働者との共同（協働）を無視あるいは軽視するということは、経営者の過信であり、驕り以外のなにものでもありません。経営とは、経営者一人の力だけで何とかなるものではないからです。

経営者自身の頑張りは当然に必要ですし、その重要性を否定はしません。しかし、労働者との共同（協働）という事実を考慮しない「経営論」は、結局のところ地に足のついていない「空論」で終わってしまい、一瞬は「なるほど」と感心しても、結局は具体化・現実化できない「絵空事」にすぎないのです。

経営者自身の問題ではなく、「社員の頑張りが足りない」という方向違いの結論に至るのです。

●経営論で必要な視点

いかに「売上増加」をはかるのか、そして、利益を出すためにいかに経費を削減するのかを検討する際には、必ず「人（＝労働者）」が関わっており、それは誰もが否定できない事実です。

そうであるなら、経営者と労働者とを結びつける労働契約と労働契約をベースとした会社と労働者の関係（労務管理問題）の検証なくして「経営」を論じたとしても、それは単に形式上表面上の方法論でしかないのです。通俗的「経営論」は、検証すべきこれらの問題を素通りして「経営」を論じるだけのものであることから、最終的には会社に何ももたらさない、むしろ会社と労働者との間に軋轢をもたらすだけということがほとんどなのです。

そして、どのような経営論・労務管理論を採るのかということが経営のあり方、会社のあり方に影響し、会社の方向性を決定づけるのです。そして、その方向性の決定こそが、その会社を「ブラック的企業」、「ブラック企業」に変貌させ、あるいは逆に、その会社を「ホワイト的企業」、「ホワイト企業」に発展させることになるのです。

経営者次第で「ブラック」にも「ホワイト」にもなる！

●ブラック企業になるかどうかの選択

利益追及のためには、売上を増やし経費を削減するということが必要になります。その過程で、通俗的「経営」では、もっともわかりやすい、そしてもっともやりやすい、「人件費」削減が経費削減のテーブルに乗り、それを目的とする労務管理のあり方に目を向けることになるのです。

その結果、経営者は、「人件費を可能な限り抑えたい」「残業代を払いたくない」「無能な人はすぐにでも辞めさせたい」という考えに至り、本音において「なぜ労働者を保護する法律なんてあるのか」と疑問すら口にするようになるのです。

しかし、現実に法律があり、また裁判を起こされるリスクがある以上、多くの経営者は「無難な形」（ブラックではないがグレー的対応）でなんとか人件費を削減するという方向をめざすことになります。

そのような過程で、労働者が泣き寝入りをすることが続けば、「ブラック的経営」をしてもなんとかなると錯覚し、ある経営者は意図的に「ブラック企業」化を推し進め、あるなく「ブラック的企業」を継続し、「ブラック企業」化することになります。

●無謀な「利益」追及に対する社会的評価

平成に入ってからのおよそ二五年間、いわゆる「ブラック企業」が闊歩し、ブラック的経営を推し進めた「ずるい経営者」が「勝ち組」となるという傾向が拡大していきました。

市場経済原理を大きく支えるものが、会社・企業であり、「利益を追求する」ことが当然とされる存在であることから、世間としても表だって、あるいは建前として、会社・企業の「利益」を否定することができませんでした。その結果、利益を出した企業はその過程がどうであっても「勝ち」という風潮が支配的になり、「やったもの勝ち」という結果をもたらしたのです。

しかし、企業の「利益」発生の仕組みが、世間の容認する限界を超えるなかで、世間は会社・企業に対して不満を爆発させました。あまりにも過酷な、「非人間的な労務管理」に対して、今まで泣き寝入りしていた労働者やその家族が声を上げ、それに連動して弁護士が動き、マスコミも大々的に報道しました。そして、厚労省などの役所も動き出すなかで、社会全体がそれを問題視し、「非人間的な労務管理」に「ノー」を突き付けたのです。

そして、「ブラック企業」に対する世間の反応は、完全な「ブラック企業」から「ブラック的企業」にも及び、企業全体における労務管理そのものが社会の関心事になり、常にそれがチェックされるという状況に至っています。

●「ブラック企業」の行く末

「ブラック企業」「ブラック的企業」が、これまでの労務管理の姿勢を変えず、あるいは、形式的に変えただけで実質的な姿勢を変えなければ、社員の離脱（新規雇用者不足・既存社員の離職）のみならず、「ブラック企業」に対する消費者・利用者のアクセス拒否（店舗利用客や商品購入層の激減）という現象になって現れるのです。

労働者から「こんな会社に居られない」「こんな会社に入っちゃいけない」という情報が発信され、それはＳＮＳなどの媒体を通じて社会全体に拡散します。その結果、消費者・利用者は「この会社、感じ悪いよね」「この店はよそうよ！」という反応を示すのです。

そして、最終的には、そのような企業の売上の激減（利益の減少）とそれに伴う新たな経費削減策（多くは、労務管理費・人件費の削減）の導入となり、その「負の連鎖」が企業規模の縮小、閉鎖ということにつながるのです。

これらのことは、具体的企業名を上げなくても「ブラック企業」といわれた企業の最近の状況からも明らかな事実であり、「ずるい経営者」は最終的には、「悪人」のレッテルすら貼られることになるのです。

●ホワイト企業に対する社会的評価

「うちは、ブラック企業ではないし、きちんと労務管理をしており、法律に違反していることはない」あるいは「うちは、全社を上げて法律の遵守をめざしており、自信を持ってホワイト企業だといえる」という企業が現実に存在しているのも事実です。

しかし、そのような真面目に、かつ、まっとうに労務管理を行なっている企業であっても、そのことに対する社会的評価がきちんとされていないのが現状です。とりわけ中小企業の場合は、単に中小企業というだけで、労務管理はいいかげんであり、「ブラック」あるいは「ブラック的企業」だと予断をもって評価されているというのが実情です。

きちんと頑張っている企業が適正に評価されないのは、「企業が自分でそのようなことを言っても本当かどうかわからない」「表面的に適当なことを言っているだけで、実際は違うのだろう」という勝手な推測が先行してしまうからです。その結果、そのようなきちんと頑張っている会社であっても、なかなか求人に応じてくれない、人が集まらないということになってしまっています。そして、「正直者が馬鹿を見る」ということにつながり、頑張っていることに嫌気が差してしまうということになってしまいます。

このことを回避するためには、内部的な頑張りだけではなく、「当社は第三者から見てもホワイト企業であると評価されています。」ということを内外にアピールする新たな工夫が必要になるのです。

ホワイト企業こそが市場経済原理に適合している！

●ホワイト企業経営者の〝凄さ〟

「ホワイト企業」あるいは「ホワイト企業」をめざしている経営者の多くは、おそらく自ら行なっている経営の〝凄さ〟を自覚していないかもしれません。しかし、労務管理をきちんと行ない法律を遵守しながら、同時にギリギリであってもなんとか利益を出して企業を維持していることは、それ自体が「それは当たり前でしょう」という域を超えた「とてつもなく凄いこと」なのです。

はっきり言えば、法律を守らず、たとえば、時間外手当を支払わない（サービス残業をさせる）、有給休暇を与えないということで人件費を削り、そのブラック的「経営」で「利益」を出したとしても、そこにはまったく経営上の工夫がない、経営者としてやるべきことをやっていないという「経営者の無能ぶり」が表れているだけなのです。

「残業代をきちんと払ってたら会社なんてやっていけない」「まじめに残業代を払っている経営者は馬鹿だ」と恥ずかしげもなく、むしろそれを自慢げに吹聴する経営者が少なくありません。そんな経営者は、その陳腐な言葉の中に「人件費を違法に削減する以外はなにも経営能力がないこと」が含まれていることをまったく理解していないのです。

ある意味で正直者といえる経営者は、法律を遵守しようとする過程において、いかに売上を上げ、合法的にいかに経費を削減するのかを必死に考え、それを実行して利益を上げているのであり、その過程こそが市場経済原理のもとにおける企業経営の本質、あるべき姿なのであって、決して「馬鹿」ではなく、むしろ素晴らしい経営者なのです。

●市場経済原理の再確認

市場経済原理＝資本主義的自由競争を改めて確認すると、それが現在の社会の基本を構成していることは誰もが知っていることであり、否定できないことです。

市場経済の意味内容については、「市場機能（需要と供給）を通じて需給調節と価格調節が行なわれる経済のことであり、市場経済は不適切な市場参加者の排除を前提とすれば、優れた経済システムである」とされています。

市場経済における「需要と供給」を簡単に説明すれば、ある商品が販売・提供され、それを消費者・利用者が購入・利用するという過程を通じて、その商品の価格が選別・決定されるシステムということになります。

会社経営者は、ある商品・サービスを「相応の価格」で販売・提供し、その販売・提供に至る過程で様々な経費を削減することで利益を上げること（基本は「安く仕入れて高く売る」）を考えます。そして、消費者・利用者は、市場に満ち溢れる商品の「品質」「値段」などをベースにして、どの商品を購入・利用するのかを決める（選別する）ことになります（基本は「よりよいモノを安く買う」）。

●市場経済原理にもとづく自由競争

経営者による商品・サービスの販売・提供を受け、消費者・利用者がそれを選別する過程で様々な競争が行なわれることになり、その競争に勝った企業が生き残るというシステムが市場経済原理（資本主義的自由競争）です。

この市場経済原理における自由競争というシステムは、まったく無秩序のなかでの競争ということではなく一定のルールのもとでの競争を意味しています。

この「一定のルール」を破る者こそが、「不適切な市場参加者」として排除されることになります。何をもって「不適切」というのかが最大のポイントです。法律的には、独占禁止法、不正競争防止法などの規定で「不定切な市場参加者」が排除されることになっています。

現実の市場では、独禁法などに明白に違反した場合以外は、たとえば、賞味期限が切れた商品を再販売したり、あるいは農薬残留値が基準を超えた材料を使用して、それが「世間にわかってしまった」

場合には、経営者が雁首そろえて謝罪会見を行ない、市場から排除されないように社会に対して許しを求めます。

他方で、労働基準法に反するという法律違反、ルール違反があり、それがバレてしまっても、これまでは、そのことについての謝罪会見が行なわれることはありませんでした。しかし現在は過労死や過労自殺等を契機に、そのルール違反が社会的に許容されない、「ブラック企業」として許されないという流れが確立しはじめています。

「ブラック企業」、「ブラック的企業」は、そもそも「不適切な市場参加者」であり、市場経済原理にもとづく自由競争から排除・駆逐されるべき存在なのです。

●頑張っている経営者の行くべき方向

正直者の経営者が法律を遵守して労務管理を行なうということ自体は、法律上当然のことであるとしても、今の時代においては、それ自体が本当に素晴らしいことであり肯定的に評価されるべきことです。そして、その経営姿勢は、その本質において経営のあるべき姿を追及しているのですから、その企業の中長期的発展をめざすうえで積極的役割を果たすことになります。

他方で、その素晴らしい姿勢を貫いたとしても、その姿勢が企業の内外に対してきちんと伝わらなければ、結局その姿勢が正確に理解されないままに終わってしまい、「正直者が馬鹿を見る」といったことになりかねないのです。

そこで、経営者の素晴らしい経営姿勢を企業の内外に対してどのようにアピールしていくのかということになります。たとえば、企業のHPや会社説明文書において、自社の「ホワイト度」(いかに法律の遵守に努めているか)を表明・アップするという方法もあるでしょう。しかし、そのような方法は、どうしても「自己評価」に過ぎないという限界があり、企業の法律の遵守状況に関する客観的評価、第三者による評価が必要不可欠であるということになるのです。

COLUMN②

残業のある会社はブラック企業?

勘違いしていただきたくないのは、たとえば、残業のある会社あるいは解雇をする会社は、イコール即「ブラック企業」ということではないということです。

残業に関していえば、繁忙期や緊急の納期との関係でやむを得ず残業をしなければ業務が回らないような場合であれば、労働者に残業をさせたとしてもそれだけで「ブラック企業」になるわけではありません。それが「ブラック企業」と判断されるのは、残業に関する三六協定を締結しておらず、仮に三六協定を締結していたとしてもその内容を遵守していない場合であり、また、当然ですが残業代を適正に支払っていないという場合です。残業時間の上限規制に反している場合も「ブラック企業」と評価されます。

残業があることが限定的ではなく恒常的なものになっている場合は、そもそも適正な人員確保や配置ができていない結果であり、「ブラック企業」と言われないためにはその是正をすることが必要になるのです。

また、たとえば、定額残業代の規定(一定時間の残業が存在することを前提に定額の残業代支払いを予め決めておく制度)があるからといって「ブラック」企業とはなりません。ただ、定額残業代を定めた場合にもその一定時間を超えた場合には追加の残業代を支払わなければなりませんので、それを支払わなければやはり「ブラック企業」と評価されます。

労働者の意欲や能力を引き出すためには、単に掛け声だけではなく、残業をさせる場合にも労基法を遵守することが大前提であり、その遵守がないなかで残業を命じたとしても期待する成果はきわめて低い(効率的労働ということに逆行する)ということをきちんと理解することが重要です。

第2章

労働契約の本質とは
―経営者の自覚と覚悟

多くの経営者は、労働契約の本質的な内容をきちんと理解しないまま、漠然と日々の労務管理に携わっています。しかし、経営者たる者がそれでいいわけはありません。労働契約の本質が、経営者の優越的地位とそれにもとづく業務命令権にあること、それ故に経営者に対して労務管理上の厳格な義務が課せられていることについて詳しく解説します。

労働契約は、経営者に優越的地位を与えている！

●労働契約の〝凄さ〟とその意味内容

経営者が利益追及をすること自体は、市場経済原理のもとでは当然のことです。そして、経営者による利益追及を可能にする根本が、経営者と労働者との間で交わされる契約（＝雇用契約＝労働契約）です。

この労働契約は、何の疑問もなく今の社会に普及し運用されています。しかし、その労働契約の〝凄さ〟、とりわけ経営者に、その優越的地位に対応する相当厳しい義務を課していることを自覚している経営者は、ほんの一握りにすぎません。

民法六二三条によれば、「雇用は、当事者の一方が相手方に対して労働に従事することを約し、相手方がこれに対してその報酬を与えることを約することによって、その効力を生ずる。」とされています。

これを簡単に説明すれば、労働者が経営者に対して、「あなたの指示のもとに働きます」と約束し、これに対して経営者（会社）は、「あなたに賃金を支払います」と約束したことは、法律で保障されるということです。

労働契約法六条によれば、「労働契約は、労働者が使用者に使用されて労働し、使用者がこれに対して賃金を支払うことについて、労働者及び使用者が合意することによって成立する。」とされています。

民法の雇用契約における「労働に従事すること」について、労働契約法は「使用されて労働し」と表現していますが、その内容自体は同じであり、経営者と労働者との間において、「労働に従事し」「それに報酬を与える」ことを合意すれば、労働契約＝雇用契約が成立するということになります。

●経営者が持つ優越的地位

この「使用されて労働し」とは、経営者から見れば、「労働者に対して、会社が何らかの指示を出して、その指示に従った仕事をさせることができる」ということです。

経営者も労働者も同じ人間であるにもかかわらず、双方の合意があれば、

> ①　会社が労働者に指示を出せる
> ②　会社が労働者にその指示に従った仕事をさせることができる

という業務命令権を法律は経営者に与えているのです。

ある意味でこの内容自体が不平等、不公平なものです。労働者としては、仮に会社の「指示」に不平や不満があったとしてもそれを受け入れ行動することが要求され、基本的には、それを拒むことができないという内容（＝「使用従属関係」）を含んでいるのです。

この内容は、経営者が圧倒的に優位であり、双方の合意の結果、労働者が経営者の優位性を受け入れるというものなのです。

経営者の優位性、優越的地位に伴う経営者の法律上の義務は、労働者に「賃金」を支払うというものであり、この「賃金」を支払うという約束をすれば（後払いでも）、経営者は、労働者を経営者の意に従わせることができるのです。

経営者の契約上の優位性は、近代資本主義が成立した初期の段階から確保されていました。そして、経営者がその優位性を無制限に行使するなかで、労働者が極度に酷使された結果、労働者の疲弊、暴動、社会変革といったことが発生したのであり、これは否定できない歴史的事実です。

このことについて詳しく述べるつもりはありませんが、近代から現代に至る過程で、経営者の圧倒的優位性に対し各種の制限が加えられることになり、それが労働者保護のための労働基準法、労働組合法、労働安全衛生法などの法律として具体化されたのです。

しかし、労働契約が経営者と労働者との間に使用従属関係をもたらすことは変わるわけではなく、各種の法律によって労働者が保護されているとはいえ、現時点でも経営者は労働者に対する圧倒的な優位性を維持しています。

●労働契約における経営者の自覚と覚悟

このような経営者の優位性を内包する労働契約について、ほとんどの経営者はそれを当然、自明のこととして考えています。

同時に、この労働契約における経営者の優位性は、時代の流れのなかで経営者に相当の義務を課しており、経営者としてもそれなりの意識は持ち、形式上は法律を守らなければならないとは考えています。しかし、大半の経営者がそれを守らなければならないと考えているのは、単に法令に違反すれば民事上の賠償義務を負わなければならない、場合によっては刑事・行政上の処分を受けることがあるかもしれないという意識があるからなのでしょう。

その考え、動機はそのとおりだとしても、実はそれだけでは決定的に不十分なのです。経営者自身が労働契約とはどのようなものなのか、また、労働法が意味する内容をどれだけ確実に理解し、その理解にもとづく各企業の実情に合わせた現実の行動をどうとっていくのかが鋭く問われているのです。

経営者の自覚と覚悟が、最終的には企業の中長期的発展をもたらす合理的経営に必要不可欠なのです。

労働契約に関する経営者の勘違い

経営者のほとんどが、労働契約の成立からそれが終了するまでの間の対応において、とんでもない勘違いをしています。そこで、労働契約における経営者の典型的な勘違いの内容を具体例をあげて検討します。

●労働者採用時の典型的勘違い

実情①（経営者の関心事）

どのような労働者を採用して労働契約に合意するに至るかは、経営者にとって決定的に大事なことです。優越的地位にある経営者は、労働者に履歴書等の提出を求め、採用試験を実施することが認められています。労働者からすれば、自分のプライバシーの一部を開示して、経営者のフルイにかけられる覚悟で求人に応じるのです。

たとえば、経営者としては「可能な限り、優秀な人材をとりたい」と思って採用試験をすることが通常ですが、実はその「優秀な人材」を採用したいということにかなりの無理があり、実はこのことを出発点とした多くの労働事件が起きているのです。

実情②（経営者の願望と現実）

経営者にはそもそも、その「優秀」に対応する具体的労働者像があるのでしょうか。仮に現在の社員の中にその理想とする「優秀な社員」がいるのであれば、その社員を基準として採用を決めることになります。その場合は、なぜその理想とする「優秀な社員」が自社にいるのかをよくよく考えなければなりません。

その社員が入社時から「優秀」であり、その社員以外の他の社員が「優秀」でないとしたら、その社員が「優秀」であるのはその社員の「個性」「特性」ということになります。そのことは、会社自体の制度として「優秀」な社員を育成する体制がないということの表れなのです。経営者は、自社の「優秀な社員」がたまたま偶然に採用できて、その社員が今も勤務しているだけであることを自覚しなければなりません。

その自覚のもとに、「優秀な人材」をとりたいということであれば、その「優秀な人材」をたまたま偶然に採用した時とは異なり、多数の求人を募って厳しい試験を実施して「優秀な社員」を厳しく選択する手続が必要になります。

そのような厳しい選択手続を経ることなく、漫然と試験を実施し、「自分は優秀です」というような言葉や見た目で選択した結果、その採用された社員が多くの場合と同様に「普通」であったとしても、社内に「優秀」な社員を育成する制度がないのですから、その社員はいつまでも「普通」ということになります。

経営者は、結局「優秀な社員」を採用したいという目的が達成できなくなるのですが、その原因は採用手続きを誤ったという会社ないし経営者に問題があり、その「普通」の社員に責任はないのです。

実情③（経営者の勘違い）

しかし、多くの経営者は、このような社内体制の検証を経ることなく、「『自分は優秀だ』ということで採用したが、まったく期待に応えてくれない」ということでその社員に不満を持ち「クビにしたい」という結論に至るのです。その結果、仮にその社員を解雇しても、その社員が泣き寝入りすることなく訴訟などで争えば、会社は採用時の手続、社内体制の不備によって「赤子の手を捻るように」簡単に敗訴してしまうのです。

企業、とりわけ中小零細企業において、「即戦力」になるような「優秀」な人材が欲しいという要望が強いのは当然のことであり、否定すべきことではありません。しかし、社内にたまたま「優秀」な人材がいたとしても、それは結果として「優秀」であったにすぎないのであり、その人を採用した時の手続が素晴らしかったからではないことに気づくべきです。

実情①②③への対応（経営者の覚悟）

経営者は、「優秀」ということに採用基準を置くのではなく、「普通」ということに基準を置き、採用後における社内「教育」「研修」という制度整備とその拡充に力を注ぐべきです。そのような制度の活用によって「普通」の社員を可能な限り「優秀」な社員に近づけるほうが現実性があるからです。「優秀」の意味内容をそれぞれの会社を前提にして具体的に考えてみれば、おそらくですが、それなりの教育制度があり、また、それなりの担当者がいて、それに経営者の覚悟が加われば、よほどの専門的分野でない限り、「普通」の社員でもそれなりに「優秀」になるのではないでしょうか。むしろ「超優秀者集団」よりも「それなりに普通か優秀な者の集団」のほうが、おそらく本音の会社経営をしやすいように思います。

採用された労働者としても、適材適所で仕事に従事することができれば、また、会社によってスキルアップされたということであれば、その本音において力を発揮したいと考えるはずです。

●社員採用後の勘違い！「仕事をちゃんとしないのは、当然、労働者が悪い」

実情①（経営者の関心事）

労働契約が成立すれば、労働者は経営者の指示のもとに業務を遂行することになります。そのベースになるのが労働契約における合意内容であり、その詳細は就業規則（労働組合があれば労働協約も

ベース になる）で規定されるのが原則となります。

そのなかで、とくに重要なものが労働時間と賃金であり、経営者も労働者もその点については日常的に意識して対応しています。そして、経営者の関心事を突き詰めると、その大半が労働者に対して「給料に見合った働きをしているのか」ということに帰着し、そこからも多くの問題が発生することになるのです。

実情②（経営者の願望と現実）

多くの経営者は、当然のことですが雇用した労働者に多大な期待をして経営者自身が想定し、望む働き（仕事の質・量）を求めます。通常は、経営者のそのような想定・願望に応じた働きをする労働者がほとんどであり、そのような労働者に対する経営者の不満はさほどありません。しかし、経営者のそのような想定・願望に応じきれない労働者に対する不満から多くのトラブルが勃発しています。

経営者が抱える多くの問題は、「指示された業務をきちんとこなさず、無駄に仕事をしている」「業務時間にダラダラ仕事をしながら無意味に残業をして、残業代を払わされている」といったものです。その労働者からすれば、「自分なりに精一杯頑張っており、会社の言うことは無茶な要求だ」ということになります。

結論から言えば、経営者が嘆いている「無駄に仕事をしている」あるいは「ダラダラ仕事をしている」ということについて、法律的には、労働契約上、経営者が労働者を「無駄に仕事をさせている」あるいは「ダラダラ仕事をさせている」ということに過ぎないということになります。

労働者がそのような形でしか仕事をしていないのは、経営者が「そのようにさせている」に過ぎず、その責任の大半は経営者にあるとされます。つまり、経営者自身が労働者にきちんと仕事をさせる義務を負っているのにその義務を尽くしていないということになるのです。

仮に経営者が、ダラダラ仕事をしていると評価している労働者が、未払いの残業代の支払いを求めて裁判を起こしたら、経営者がその裁判で勝つことはほとんどありえないというのが裁判の実態です。

実情③（経営者の勘違い）

経営者からすれば、大半の労働者がきちんと仕事をして定時に退社しているのに、仕事の効率が悪いことから残業をしている一部の労働者にどうして残業代を支払わなければならないのか、裁判でなぜ負けるのか、という疑問を持つことになります。

労働契約にもとづいて優越的地位にある経営者は、労働者に対して業務命令・指示を出すことができます。そこで、裁判になれば、裁判所から経営者に対して、「効率的な業務遂行について何らかの具体的な業務命令や指示を出したのですか？」あるいは「残業時間に関して、どのような指示を出してるのですか？」と問われることになります。

これに対し、経営者は「当然、『ちゃんと仕事をしろ』『効率的に仕事をしろ』『定時に仕事を終わらせ、残業はやらないように』と口うるさく言っていますが、言うことをきかないのです」というような反論をすることが通常です。

しかし、経営者が行なったという「ちゃんと仕事をしろ」「効率的に仕事をしろ」という程度（内容）の指示では、そもそも業務命令、業務指示の体をなしていないのです。経営者には、業務命令という経営者が有する重大な権限に関する多いなる勘違いがあるのです。

COLUMN③

時間外労働（残業）を劇的に減らす方法

時間外労働（残業）を減らす方法については、各種のテキストやセミナーで様々な提案が行なわれていますが、ここで劇的に効果がある方法を提案します。

その劇的方法は、残業をする社員がいる場合に、社長・担当取締役・上司となる役職者（管理監督者）がその社員と一緒に残って、自らその社員の仕事を手伝うというものです。まず、残業代が不要とされる社長を含む管理職が手伝うのですから、残業代が増えないという利点があります（これは冗談）。

この方法は、その会社でなぜ残業があるのかを経営者が具体的に知ることができることに繋がります。そもそも現在の人員でこなせない仕事量なのか、そうではなく仕事のやり方に問題があるのか、そうであるならどのような理由で仕事のやり方に問題が発生したのか、といったことがわかることにつながるのです。社長や取締役が残業したくないのであれば、必死にそのことを考えて改善策に取り組めるはずですので、残業が劇的に減るのは必至です。

残業をしている社員からすれば、社長や取締役は「使いものにならない」となるのかもしれませんが、仮にそうであれば、万が一その社員に何かの事故でもあれば、残業を含む業務は完全にストップするわけであり、それによってそのような会社体制自体に問題があることも明らかになります。

実情①②③への対応（経営者の覚悟）

労働契約の本質的内容として、経営者は労働者に対し「業務命令」を出してそれに従わせることができる権限を持っています。これを逆に言えば、業務命令権を行使しないで、労働者の仕事内容にあれこれ注文をつけることはできないということを意味します。このことを前提にすると、経営者は「業務命令」を出すために、そもそも、その「業務」全般の内容に精通している必要があり、また「命令」の形式や出し方にも精通していなければならないということになるのです。

小さな会社であれば、「業務」全般を把握することが可能であるとしても、それなりの規模の会社になれば、経営者自身が「業務」全般に精通することなどは到底不可能であり、現実性がないとの反論が考えられます。しかし、会社の規模の違いによる「業務」の把握方法や、「命令」の伝達方法の違いがあるとしても、労働契約自体が、経営者に対し、日常的に「業務」を把握したうえで「命令」を出すことを要求しているのだということを深く自覚しなければなりません。

その自覚のもとに、どうすれば「業務」全般を把握することができるのか、その把握したことを踏まえてどのような「命令」が適切なのかの具体的検討とその検討に従った実践が要求されるのです。それができれば、労働者の業務意欲を向上させつつ、より効率的な業務遂行につながることになり、それこそが真の「働き方改革」の重要な内容をつくるといえるのです。

●解雇時の勘違い！ 解雇するときに経営者としてやるべきこと

実情①（経営者の関心事）

「解雇したくても、できない」とする考えは経営者の勘違いですが、その理由はほとんどの経営者が「解雇が正当である」とされる手順を踏んでいないからです。

経営者は、仕事上問題があると判断した労働者との労働契約関係を、速やかに解消したいという共通の思いを持っています。仕事中はもちろん、仕事外でも、明らかに犯罪などの違法行為に及んだ労働者を解雇することは、さほど問題になりません。

経営者が問題と考えるのは、「仕事ができない」「業務命令に従わない」「職場に馴染まない」「職場環境を悪化させる」と経営者が判断した労働者をどうしていくのかということであり、最終的にはその労働者との労働契約の解消をどのようにしていくのかということです。

実情②（経営者の願望と現実）

会社と労働者との間の労働契約の解消は、労働者が自主的に退社することもあるでしょうし、会社と労働者との間の合意で労働者が退社することもあるでしょう。しかし、そのような形での退社に至らない場合、会社から労働者との労働契約を解消する方法＝解雇という形になります。

経営者としては、「好ましくない者」をなんとか辞めさせたいと思い、それを何らかの方法で実現したいと考えているのが現実なのでしょう。その方法については、いろいろな専門家が工夫を凝らし、「違法行為の助長」的手法（ブラック的手法）を考え出し、その方法を推奨・実践している場合もあります。

そのような手法は、経営者の「悩み」にとりあえず「応える」ということになりますが、そのような手法をとって解雇をしたとしても、それが裁判に持ち込まれれば、ほとんどの案件で経営者側が敗訴するのが常です。そうすると、解雇問題については、その手法を含め「正解」がない、経営者の「悩み」に答えうる「正解」はないということになってしまいます。

実情③（経営者の勘違い）

経営者からすると、裁判に持ち込まれれば勝てないということであれば、「そもそも労働者を解雇することなどできないのだから、今の労働法制は労働者を守りすぎる法体系であり、とんでもない悪法だ」と本音で思いつつも、建前では「解雇はできない」という冒頭の対応をすることになります。

しかし、法律的には労働契約を解消する方法として「解雇」という手続が認められているのですから、裁判の現状だけを見て労働法制を批判するのはとんでもない勘違いです。

多くの裁判で「解雇」が認められないのは、法律上必要とされる手順を踏んでいないだけなのです。労働契約法一六条によれば、「解雇は、客観的に合理的な理由を欠き、社会通念上相当であると認められない場合は、その権利を濫用したものとして、無効とする。」とされており、多くの解雇が①「客観的に合理的な理由を欠き」、②「社会通念上相当と認められない場合」であることから、裁判において経営者が勝てないだけなのです。

経営者が、自ら行なった解雇について、これらを充たす手順（「正当化」手順）を踏んでいないことを棚に上げて法律・裁判を批判することは、とんでもない勘違いだと言わざるをえません。

実情①②③への対応（経営者の覚悟）

それでは、どのような場合に解雇が正当であるとされるのでしょうか。「正当な解雇」を充たすかどうかは、個別具体的は検討を必要とすることになりますが、一言でそれを述べれば、「解雇の通知の前に、経営者としてやるべきことをやったのかどうか」ということになります。

その「やるべきことをやったのかどうか」は、たとえば「仕事ができない」「業務命令に従わない」と判断した労働者に対して、経営者が「どれだけ仕事ができるように可能な手を尽くしたのか」「どれだけ業務命令に従うように可能な手を尽くしたのか」ということが問われるのです。

この「手を尽くしたのか」に関する経営者の自覚と覚悟のもとでの具体的実践があって、「そのように手を尽くしたにもかかわらず、労働者が変わらなかった」「だからやむを得ず解雇に至った」ということであれば、解雇は正当であるとされるのです。

解雇という手続は、それを通じて経営者の経営姿勢とその具体的実践そのものが真正面から問われることになるのです。

そして、経営者が労働契約における優位性を自覚し、労働者の感情にも配慮した対応をする労務政策を実践しているのであれば、多くの労働者は解雇に至る前に「普通」ないしそれ以上の能力を発揮するようになるのであって、「仕事ができない」「業務命令に従わない」ということにはならいはずです。

経営者がそのような労務管理を実践しているにもかかわらず、どうしてもその労働者が「変わらない」ということになって、ようやく「その労働者自身の問題」ということになるのであり、そこに至ってなんとか「解雇は正当である」とされる可能性が出てくるのです。

経営者の自覚と覚悟の再確認

経営者は、労働契約から導かれる優越的地位にもとづき業務命令権を有しており、その業務命令権は現実には経営者に厳しい義務を課しているのです。

経営者は、その優越的地位にもとづく業務命令権とその義務を、現実には労働者を通じて行使・実行しており、そのありようがそもそもの労務管理ということになります。

そして、その労務管理の内容は、労働者の立ち位置を踏まえた内容でなければ経済的合理性を有していないのであり、その合理性は、労働契約の成立・その後の展開・最終的な終了に至るまで一貫して追及することが必要とされることを再認識する必要があります。

COLUMN④

労働法の遵守を厳しくすると職場の雰囲気が悪くなる?

経営者と労働法遵守の話をしていると、あまり法令遵守（たとえば、始業時間前の清掃）を厳しく言いすぎると、職場の雰囲気がギスギスしてしまうのではないかという疑問が出されます。

多くの経営者の皆さんは、「特段労基法を破るつもりもないし、当然にそれを守ろうと思っているが、始業時間前の掃除くらいはやってもらってもいいのではないか」という本音をお持ちです。経営者としては、始業時間後に机の上でおにぎりやサンドイッチといった朝食をとっているのを大目に見ているし、「3時のおやつ」の時間には経営者が自ら「おやつ」を買ってきて労働者と楽しく懇談しているのだから、始業時間前の清掃や終業時間後のちょっとした残業くらいは逆に大目にみて欲しいと考えていることが多いのです。

結論から言えば、このような経営者の言い分は、あくまでも「経営者の論理」でしかなく、「労働者の論理」からするとまったく異なる風景になるのです。多くの労働者からすれば、たとえば、始業時間前の清掃については会社の雰囲気がそうだから「やらざるを得ない」と受け止めているのであり、「3時のおやつ」にしても社長に「つきあってやっている」という意識をもっているかもしれません。始業後の朝食については、他の労働者からは社長がそれを放置・放任しているのはどうなのかという疑問を持つ場合もあるのです。

当然、労働者からすれば、法令遵守やモラルの確立をあいまいにしたままで、「このくらいは大目にみてほしい」と言っても、法令遵守を「棚上げ」にするための法弁にしか映らないということが多いのです。

経営者は、労働法を遵守し、必要なモラルもきちんと確立したうえで、職場の雰囲気も良くしていくことが大切です。労働法を遵守しても職場の雰囲気は悪くなりません。それは両立できるのです。

第3章

経営者の義務とホワイト企業実現に向けて——労務管理の基本スタンス

経営者の義務を支えるその自覚と覚悟は、労務管理をどのように展開していくかというところに具体化されます。経営者がその具体化のなかで、どのような立ち位置、あるいは視点をもって労務管理を行なっていくのかが決定的に重要になります。

そこで、ここでは労務管理の基本スタンスについて検討します。

経営哲学の根本に据えるべきこと――基本スタンス1

●「経営者の論理」と「労働者の論理」

繰り返し指摘してきたとおり、労働契約は、経営者の優越的地位を認めるがゆえに経営者に厳しい義務を課しています。

労働契約においては、経営者は圧倒的に優位な地位を得ています。これを逆に考えれば、労働者は圧倒的に劣位な地位に甘んぜざるを得ないということです。経営者の多くは、自分自身の優位な地位と労働者の置かれている劣位な地位をさほど自覚しないで「経営」をしているというのが実情です。

経営者としては、今の経営を維持・発展させるために必要な措置、たとえば、今後の事業拡大に必要な投資資金や将来的不安に対応するために必要な資金をプールしなければならないといった事情を考慮しつつ、経営全体を考えます。

その考えの流れから出てくるものの典型例の一つが、労働者に対し「経営者の意識を持って働いてほしい」というものです。

その要望の具体的内容は、たとえば、経営の効率性や労働生産性であり、また、コスト意識にかかわるものです。これらは、経営の現実に直面した経営者が、「会社を何とかしたい。」「会社をよりよくしたい。」という動機・目的のもとにたどり着く経営にとっての重大事ですが、それらはあくまでも「経営者の論理」にもとづくものであるという自覚が必要です。

労働者としては、経営者のそのような要望があった場合に、仮に一時、その経営者の要望に共感し、それに応える意識を持ったとしても、それを継続しえないのが実態です。労働者は、生身の人間であることを前提に、一方で労働時間に縛られ、また、限られた給料のもとで、自分と自分の家族との生活を営み、その過程で精神的・肉体的な疲労を回復させ、そして次の日も労働への従事が要求されるのです。

労働者が、意識的あるいは無意識的に自分自身の生身の体や家族との生活を考えるのは当然のことであり、それらを犠牲にしてまで経営者の要望のすべてに応えることはありえないのです。労働者からすれば、経営者が考える将来に向けての不確定な事情を全否定はしないものの、まずは今の労働条件を向上させるべきだという考えを持つのであり、その考えを支える「労働者の論理」は決して不合理なことではないのです。

●経営者による「労働者の論理」の受け入れ

優越的地位を有する経営者との関係で劣位に置かれている労働者であっても、「経営者の論理」を全否定しているわけではなく、現実には経営者と異なる立ち位置の「労働者の論理」を持って労使関係の一方を担っています。

「労働者の論理」のほとんどは、労働者に潜在的に存在しているだけであり、それが顕在化する場面はさほど多くありません。それが潜在的な場合には、潜在的不満は業務の効率性（たとえば、仕事中の「サボリ」）に影響する程度ですが、それが抑えきれなくなった時に「労働者の権利実現」という形での様々な形で「労使紛争」が起きるのです。

そのような「労使紛争」を未然に防ぐ、また、そのような「労使紛争」が発生した時にそれを適正に解決するというものが、本当の意味での「労務管理」なのです。経営者と労働者とを結びつける労働契約の本質、そこから派生する「経営者の論理」と「労働者の論理」を把握し、「労働者の論理」を理解・受け入れたうえで「労務管理」をいかに具体化するのかが重要であり、その実現こそが企業の健全発展の経済的合理性に合致することになります。

これとは逆に、労働者の置かれている状況、「労働者の論理」を無視した経営者の立場だけからの「労務管理」は、経営者の優位性によって一瞬は目先の「解決」をもたらすことがあるかもしれませんが、最終的には様々な問題を先延ばしにするだけであり、そのような発想自体が企業発展の経済的合理性に反することになります。

経営者は、労働契約における優位性を自覚し、「労働者の論理」を踏まえた「労務管理」を行なっていくという厳しい義務を尽くしきる覚悟を持つ必要があるのです。

経営者が「労働者の論理」を理解・受け入れるということは、「『労働者の論理』を組み込んだ『経営者の論理』を構築・実践する」ということです。しかし、それは無制限に労働者の立ち位置に配慮すべきということではありません。現実に直面した厳しい経営判断のもとでの経営方針は、時と場合によっては労働者の要望に応えきれないこと、また、対立するようなことも十分にありうるからです。

結局、それぞれの立ち位置によって、それぞれの重点課題が必然的に異なるのであり、その意味で経営者と労働者との間には、決して埋めることのできない「深い溝」があり、その「深い溝」をなくすことはできないのです。経営者は、この「深い溝」があることを前提にして、どのようにして「深い溝」に「橋」を架けるのかが問われており、この「橋」そのものが労務管理の本質なのです。

●労働者をどう見るのか?「労働者性善説」の受け入れ

労務管理における経営者の自覚と覚悟を考える前提として、労働者、労働者像をどのように捉えるべきなのでしょうか。端的には、労働者を放置したら労働者はサボると捉えるのか（労働者性悪説）、一定の条件が整えば労働者がサボることはないと捉えるのか（労働者性善説）、ということであり、これに関する経営哲学が決定的に重要です。

この結論は簡単には言えない、簡単ではないということかもしれませんが、まずは「自分自身はどうなのか」を考えて下さい。そして、家族や友人、過去・現在で知っている人たちのこと、現時点で雇っている社員のことを考えるのもよいかもしれません。

人は、労働者は、労働契約で劣位の地位にあったとしても、自分の仕事がきちんと評価され、相応の報酬が支払われるということであれば、一〇〇%ではないとしても決してサボることはないのではないでしょうか。そして、時々、サボっても、その仕事の必要性や緊急性を理解・自覚すれば、日頃いくらかサボった分を別の機会に取り戻すような働きをするのではないでしょうか。

COLUMN⑤

労働組合のあり方と付き合い方

労働組合は経営者に敵対する存在ではなく、共存する存在です。憲法、法律は、過去の歴史的経緯のもと、労働組合の存在を真正面から認め、労働組合が様々な機能・役割を果たすことを想定していますが、それは当然に市場経済原理のもとでの機能・役割となります。

労働組合は、本来的には会社経営者の不合理な労務管理を含む経営方針に異を唱えることでそれに一定の影響力を行使し、会社の中長期的な発展に貢献すべき役割が期待されています。

経営者は、その立ち位置からして、労働組合の「あり方」にいろいろ注文を出す立場にありません。しかし、会社内に労働組合が存在し、あるいは、これから労働組合が作られるような場合には、その存在や組合設立の動きを真正面から評価・歓迎すべきです。経営者は、労働者に依拠して労務管理を実践するわけであり、その過程で仮に何らかの問題がある場合には、労働組合にそれを指摘してもらえるという利点があるからです。そして、労働組合の立場から、どうすれば会社がより発展するのかを考え、提案してもらうことも可能であり、そのようなアプローチをすべきです。

また、労働組合には、その重要な役割の一つとして、所属組合員の労働者としてのモラル維持やキャリアアップを図ることもあります。

労働組合は企業の中長期的な経済的発展において重要な役割を果たす重要なパートナーの一つであり、労働組合を、最初から敵視して、その壊滅に莫大なエネルギーを費やしている経営者は、企業の本来的な発展に反する行動をとっていると言わざるをえません。

いくら好条件を与えてたとしても、客観的には人の目を盗んでサボる人がいるのも事実です。なぜそのような人になってしまったのかは、おそらくなんらかの事情があるのでしょう。そのような社員について、様々な改善措置をとることで変化がある社員もいるでしょうが、どうしても変化が見られない社員、いわゆる「モラルハザード」のある社員がいるのも事実です。

経営者の自覚と覚悟を持って労務管理を考える際の「労働者像」は、労働者性善説に立つべきだと考えます。たとえば、数十名の労働者がいれば、場合によってはその中に一人くらい「モラル」が欠如していて改善の余地がない労働者もいるかもしれません。しかし、ここで大事なことは、そのような例外的事実であったとしても、労務管理の対象はあくまでも「きちんと働いてくれる労働者」であり、そのような九割五分以上を占める労働者を標準にすべきだということです。例外的事実を標準にして労務管理を考えるのは、あるべき労務管理を誤ってしまうことにつながり、経済的合理性にすら反する「愚の骨頂」だと断言できます。

経営者としては、あくまでも上記の標準的労働者に合わせた労務管理に力を注ぐべきです。例外的社員には例外的対応をするということで十分であり、それを適正な労務管理を怠る理由にしてはいけないということです。

組織運営の根本に据えるべきこと――基本スタンス2

●組織運営原理① 経営者は「知らない」ではすまされない

経営者に要求される厳しい覚悟

経営者個人の通常の能力からすれば、その個人で把握できる業務の範囲が限定され、限界があるのは当然です。しかし、経営者は、そのような限界があるにもかかわらず、業務全体を「知り」「業務命令」を出すことが要求されます。

経営者は、それぞれの会社規模に応じて、業務命令をきちんと出すための制度の構築と運用をしなければなりません。仮に自らある特定部分の「業務」を知らなくても、すぐに「知る」ことができるようにし、その知り得た「業務」情報を前提にした「命令」を出さなければならないのです。

経営者は、その「業務命令に関する制度」に精通するなかで会社全体の「業務」全般を知ることができるのですから、それを「知らない」で済ますことは許されないのです。経営者には、それぞれの会社規模に見合ったスタイルのもとで、経営者の責任で「業務命令」を出し切るという覚悟が必要となるのです。

ダラダラ仕事への対応が示すもの

たとえば、「ダラダラ仕事と残業代」については、それが判明した時点で、会社としては、会社全体としてどのようにして「ダラダラ仕事」をさせない仕組みを作るのかという問題になります。

それは、まず、ⅰ「ダラダラ仕事」とは何か、ⅱ会社全体の仕事の流れの中にどのように位置付けられているのか、ⅲどうして「ダラダラ仕事」になってしまったのか、ⅳそれは個人の意欲・資質の問題なのか、ⅴ上司を含む関係者の指示が関係しているのか、ⅵその場合にその指示は適切だったのか、が検討され、ⅶそれらの検討・対策がなぜ今まで社内的に放置されたのか、そして最終的には、ⅷ経営者がなぜその問題に気づかなかったのかが真正面から問われることになるのです（コラム③参照）。

その問題を契機として一連の検討が行なわれる過程で最終的には経営者の責任が問われることになり、その責任のもと、経営者自身が「ダラダラ仕事」に気づいて（少なくとも情報が集約・報告される）それを是正するための制度を作り、その運用を行なうべきであるということになるのです。

経営者の覚悟は、①仕事の効率、労働生産性という問題に関連し、②残業代の支払い問題にも関連します。また、③労働者の質の向上、スキルアップのための研修・教育制度という問題、そして④これらは解雇の有効性にも関連するのです。

労務管理とは、このように経営者による「業務命令」をどのようにして労働者に伝え、理解してもらい、実行してもらうのか、という経営のすべてに共通する問題に帰着し、それらのすべてが経営者の自覚と覚悟に関わってくるということになるのです。

●組織運営原理② 一人で会社経営をしているわけではない

組織・制度構築の重要性

企業規模によっては、経営者の自覚と覚悟にもとづく労務管理を経営者が自ら直接に行なうことは、現実的には不可能でしょう。それを支えてくれるのは、結局、経営者の「片腕」となる労働者ということになります。

経営者は、労働者に依拠しながら、その優越的地位にもとづく業務命令を出していくしかないのです。そのためには、経営者自身の経営理念、経営目的を「片腕」となる労働者に伝え、理解・自覚してもらうことになります。

その労働者がいわゆる「管理職」とされる人たちです。小規模企業では経営者が担うべき労務管理の一部を委ね、それなりの規模の企業では労務管理の相当部分を委ねることになります。

当たり前のことですが、改めて考えてみると、経営者の自覚と覚悟にもとづく労務管理の実践を労働者が支えてくれるという不思議な構造が現実には存在しているのです。経営者には、自分一人で会社経営をしているわけではないことの自覚と覚悟も必要なのです。

組織的労務管理の中核となるもの

経営者が会社経営を一人でしているわけではないことを自覚し覚悟すれば、労務管理の内容・方向性が見えてくるはずです。つまり、多くの企業では、労働者を通じて（＝支えられて）、経営者の優越的地位にもとづく業務命令権が行使されているのであり、それが適正に機能するためにはその内容自体が労働者の納得する合理性のあるものでなければならないことになるのです。

経営者が「裸の王様」として指令を出しても、それは優越的地位にもとづく指令ですので労働者は外見上それに従うかもしれませんが、その内容が不合理であれば結果的には骨抜きの指令として伝わるだけなのです。その指令があった場合に、労働生産性が低くなるのも、当然に納得せざるをえないでしょう。

経営者は、労務管理をその自覚と覚悟で行なう必要があるのですが、現実的な内容はそれぞれの企業規模に見合った制度や体制を構築し、それを運用するという形になります。そして、現実にそれらの制度・体制を考えるに当たって大事なことは、直接にそれを担う労働者を信頼し、その労働者に相談して一緒にそれを考えてもらうことです。労働者のことは労働者が一番わかっているのですから、業務命令を徹底する手法を共に考え、実行するという姿勢が重要なのです。

管理職の適格性

今の管理職の状況は、会社経営者の姿勢の反映そのものです。

現実の経営では、様々な「制度」「体制」の確立・運用が大事であり、その中心を担うのは「管理職」とされる人たちです。それでは、どのような社員が「管理職」にふさわしいのでしょうか。

各企業の規模や歴史などの違いで微妙に管理職像が異なると思いますが、おそらくそれぞれの部署で経験を積みそれなりに「仕事ができる」社員というものが、共通する基準であろうと思います。

その基準自体を全否定する必要はありませんが、そこで問題にすべきは「仕事ができる」ということの内容です。管理職の中心的業務は、会社の方針にもとづき、その部署全体に気配り目配りをしつつ、その部署全体の業務を効率的に進めるというものです。そこで大事なことは、会社の方針を理解してそれを担当部署で具体化することができること、そして、担当部署全体を動かすことです。

その方法の一つの典型が、「威張りちらし型」管理職ですが、それが上手くいかないのは自明のことです。形式的に一時、何らかの成果が出ていたとしても、その手法で担当部署が本音で力を出し切ることは不可能だからです。しかし、その手法をとる会社は単純に経営者の姿勢そのものが管理職選抜に反映しているだけであり、それほど驚くべきことではありません。

あるべき管理職

会社方針の具体化と担当部署全体の把握は、当然ですが各部署における具体的労働者を想定したものでなければなりませんので、それができる社員が「管理職」に相応しいということになります。

そうであれば、部署構成員が常日頃何を考え、どう行動しているのかがわかっている必要があり、それを把握する力のある社員が「管理職」に相応しいとなるのです。それがわかる社員は、見た目・日頃の言動は別として、結局、使われる側の気持ちや痛みがわかる社員ということになります。同時に、そのような気持ちや痛みをわかったうえで、今会社として必要なこと、やるべきことを伝えきる力も必要であり、その双方を担える社員が管理職候補になり、それが「あるべき管理職」の一つのモデルになると考えます。

「そんな理想的な人は、わが社にいない」という答えが予想されますが、本当にそうでしょうか。社内を見渡して本当にいないのであれば、残念ですが、そのような社員がすでに会社を見限って辞めてしまっているのかもしれません。仮にそうであれば、社長が自ら意識を変え、社員を変えていくしかありません。

●組織運営原理③　企業規模は言い訳にならない

経営者に言い訳は許されない！

労務管理における経営者の自覚と覚悟は、労働契約の締結時から終了時に至るまでのすべての過程において実践的に要求されているのであり、経営者はそれを日常的に堅持しなければなりません。それ自体が経営者の重要な役割であり、それこそが社長業なのです。

当然、経営者も人間ですから、それらをパーフェクトに行なうことは無理ですが、それでもそれを持続する「制度」や「体制」を作る必要があるのです。

「そんなことは、それなりの規模であれば可能かもしれないが、小規模零細企業では到底無理である」との反論があるかもしれません。しかし、どのような規模であっても、その規模に見合った「制度」や「体制」作りは可能であり、企業規模を言い訳にすることは許されないのです。

小規模でもやれることはある！

たとえば、社長が一人、社員が数名の就業規則作成が法律上必要とされない会社であっても、経営者は法律上必要とされる労働契約書をきちんと作成し、労働基準法上決められている労働時間を守るための勤怠管理をしなければならないのです。そして、どのようなレベル、内容の仕事を労働者に要求するのかを含め、業務命令として明示しなければならないのです。

「社長が一人しかいないのにそんなことはできない」ではすまされません。やるべき内容を具体的に考えれば、実はさほどの労力を要するものではないはずです。労働契約書はネットで入手できるひな形をベースに作成し、労働時間は労働者の申告を定型書式に記入し、業務指示はスマホなどを利用して行なえば足りることです。「そんなことはできない」は、自分がやるべきことから逃げている、それを避けるための社長の言い訳でしかないのです。

●組織運営原理④　労務管理は常に具体的である

現実に存在する素晴らしい経営者

経営者として求められる自覚と覚悟を持って労務管理を現実に実行するのは、そう簡単なことではありません。むしろ、漫然と経営・労務管理をしてきた経営者にとっては、「寝耳に水」的な驚くべき内容なのかもしれません。しかし、このような経営・労務管理を完全とは言えないとしても実行している素晴らしい経営者がいるのも事実です。

経営者の皆さんには、第1章で述べた「経営の目的」を改めて考えていただきたいのです。その目的を達成するためには、やはり相応の努力が必要不可欠なのです。

まずは、①自分自身の「経営」についての考え方を検証し、つぎに、②どれだけ「経営」そして「労務管理」について理解し、そしてそのための勉強をしているのかを検証し、さらに、③現在の会社の状況がどうなっているのか、今後の見通しはどうなのか、を考えていただきたいのです。

まずは、できるところから実行すること

そして、本書で示した内容の一部でも共感できるものがあれば、まずは可能なところから実行していただきたいのです。

それは、自分一人でできる

COLUMN⑥

中小企業経営者と大規模経営者の違い

中小企業経営者の大半は、いわゆる「オーナー経営者」であり、その多くは会社の資金繰りに際して、会社借入金の保証人になっています。その意味で、中小企業経営者は会社と運命共同体にあり、「会社がすべて」という実態があります。ですから、会社社長は会社から「逃げる」ということはありえず、会社の維持・発展にすべてをかけている、会社経営に全責任を負っていると言っても過言ではないでしょう。その点で、言い方は変ですが、仕事を代えて「再就職」を選択できる労働者とは決定的に異なり、経営者と労働者との間に「深い溝」ができる一つの理由でもあります。

中小企業の経営者に対して、大規模企業の経営者とりわけ上場企業の経営陣は、「所有と経営の分離」という理念のもとで、「経営者」「経営陣」という役職に従事する人たちです。たとえば、資金繰りとの関係でも会社借入金の保証人になることはありません。したがって、大規模企業の経営者は、会社経営上の必要があればいつでも「首をすげかえられる」という微妙な立場にあり、会社経営に全責任を負っていない(負わされていない)という点では、労働者と類似の立ち位置にあると言えます。

このことから、大規模企業においては常に中小企業とは別の「組織の論理」「保身の論理」などが作用し、大規模企業特有の組織論＝コーポレートカバナンス(企業統治論)が必要とされているのです。

労務管理の理念・手法については、中小企業も大規模企業もその基本は同じです。しかし、大規模企業では、労務管理においても独自の組織論・統治論が作用することになり、その観点からの労務管理のあり様の検討が不可避的に必要になります(本書ではこの点について言及していませんが、機会があれば「労務管理と企業統治」に関する経営者ブックを出したいと考えています)。

ものもあるでしょうし、他の会社関係者と協議しなければできないこともあるでしょうが、まず、五分、一〇分でできること（たとえば、考えの一部を自分の中で修正すること）を実行しましょう。

取り組むための段取りを漠然とあるいは抽象的に考えると、その実行に無限の時間を要するようにも感じますが、「これは五分の仕事でできる」「一〇分の仕事でできる」「一時間か二時間であればできる」「一日かかるが、一日でできる」「一週間はかかるが、それだけあればできる」と具体的に考えてみれば、物事はおのずと進んで行くのです。具体的に段取りを組むことを怖れないことです。

労働者と共有すべきこと――基本スタンス3

●経営理念共有の重要性

経営者の多くは、漠然と会社の事業目的を定め、その目的との関係で事業を展開しています。それ自体は、ある意味当然のことですが、その事業目的をどれだけ真剣に考えているのでしょうか。その経営者の真剣さとそれに伴う行動そのものが、実は労働者の仕事ぶりに多大な影響を及ぼしているのです。

市場経済原理のもと、社会に存在しているあらゆる仕事が市場経済の合理性で淘汰されているのであり、その仕事が社会に現存している限り、その仕事自体に社会的意義があると考えることができます。

経営者自身が「こんな仕事はだれでもできる」と考えている会社は、おそらく経営者も労働者もさほどの意欲なく仕事をしていると考えられます。経営者とすれば、「こんな仕事だから、取りあえず儲けるだけ儲けよう」と考えるしかなく、当然、労働者の労働条件も劣悪であると想定できます。

経営者がそうであれば、このような会社で仕事をしている労働者が意欲をもって働くということも考えられず（それでも頑張っている労働者はいるかもしれません）、最終的には「ブラック企業」の行く末と同じ道をたどるのでしょう。

経営者は、労務管理に関する自覚と覚悟に加え、なぜその会社を始めたのか、その会社の仕事を通じて社会とどのように関わっているのかのビジョンを持つ自覚と覚悟も必要です。そのビジョンがあってこそ、その会社の労働者も経営者とそのビジョンを共有することができるのであり、労働者の労働意欲を引き出すことが可能になるからです。

労働者が経営者とビジョンを共有するといっても、経営者のそれと同一であることはありません。労働者としては、まずは自分の賃金・労働時間を含めた労働条件がどうであるのかを考え、それへの納得があってこそ、そのような労務管理を行なう経営者のビジョンを受け入れ、共感することになるのです。

経営者は、労働者の立ち位置をふまえた労務管理ができてこそ労働者とのビジョンの共有が可能になることを自覚すべきであり、そこを誤解してはいけません。

経営者としては、「労働者の論理」を踏まえながら、「何のために『この会社』を経営しているのか」、「『この会社の仕事』と社会とのかかわりはどのようなものなのか」「『この会社』でのあなたの仕事の重要な役割」を労働者と一緒に検討・議論するなかで、会社全体の共通の認識にしていくことが大事です。

●「お客様目線」の意味内容の再確認

経営の基本として、「お客様は神様」「お客様目線が一番大事」とされており、それ自体を否定する経営者はいないと思います。

それでは、そこでいう「お客様目線」とは具体的にどのようなものなのでしょうか。

おそらく、その多くは接客対応を含む「商品・サービス」に関する「お客様」の印象・評価というものだと考えられます。それ自体はそのとおりであり、いかに売上を上げるのかを考えた場合に、商品やサービスに対して「お客様」がどのように判断するかは、再度の購入、リピート、紹介などに直結するものですからきわめて大事です。

そこで問題になるのは、この「お客様目線」で評価される商品・サービスをどのように提供するのか、どのような労務管理でそれを実行していくのかということです。それらを現実に担うのは個々の労働者ですので、労働者自身が本音で「お客様目線」が大事だと理解し実践する状況を創っていかなければなりません。

たとえば、接客対応がきちんとできない労働者に対して、どのように指導していくのかが問題になった時に、その会社が日常的にサービス残業をさせている会社であれば、どのような指導をしてもそれが上手くいくことはありえないことです。強権的・強行的指導で一時は「改善」されたとしても、

COLUMN⑦

「ワークライフバランス」の意味

世の中の流れの一つに「ワークライフバランス」のとれた社会の実現があり、それを追求する会社が素晴らしいとされています。

これは内閣府が中心になって提唱している「仕事と生活の調和」という政策であり、「国民一人ひとりが、やりがいや充実感を感じながら働き、仕事上の責任を果たすとともに、家庭や地域生活などにおいても、子育て期、中高年期といった人生の各段階に応じて多様な生き方が選択・実現できる社会」とされてます。

このような国策のもとで、「当社はワークライフバランスがとれている」と自慢している会社が実在し、また、「ワークライフバランス」を実現するためのセミナーやコンサルティング業務も盛んです。

しかし、この「ワークライフバランス」を考えるうえで決定的に重要なものは、労基法などの労働法制がどれだけ遵守されているのかという視点です。この労働法制の遵守があってこその「ワーク（仕事）」と「ライフ（生活）」の「バランス（調和）」が可能になるのであり、そこを無視あるいは軽視したところでの「バランス」はそもそもありえない話です。

「ワークライフバランス」がとれた「いい会社」として認定されたのでパーティを実施する際に、それを支える労働者はどのような気持ちでしょうか。それを本当に喜ぶ労働者もいるでしょう。しかし、ワークの実態がバランスとかけ離れている場合には、苦労を重ねた労働者が半ば冷めた目で経営者と参加者を見ていることも少なくありません。「経営者の論理」だけで物事を捉えている典型例です。

納得できない労働条件のもとで「働かされている」労働者が、本音・本気でお客様にサービスをしようと思ことはありえないからです。おそらく、そのような会社は、その上司、あるいはその上の上司を含め、会社全体が「ブラック」ないし「ブラック的」ですから、社長の思い付きとしての「お客様目線が大事」という言葉に、会社構成員が「一時」だけ「振り回され」、社長の一時的怒りをおさめるために取り敢えず形の上だけ動いて社長を誤魔化したということでしかないのです。

「お客様目線」について、それを直接に担う労働者の立ち位置から具体的に考えれば、労働者自身が適正な労働条件で「大事にされている」と判断すれば、おのずと「経営」の大事さ、「お客様の大事さ」を理解するのであり、その視点を忘れた「お客様目線」は経営者の思い上がりの何とも陳腐な「哲学」でしかないのです。

最近、「従業員ファースト」といわれているものの真の内容は、実はこのようなものですので、「従業員ファースト」という言葉だけに誤魔化されないよう留意する必要があります。

ホワイト企業実現に向けたホワイト認証のすすめ――基本スタンス４

●経営者に本気で力を貸す専門家は、実は少ない！

多くの経営者が実感し、また、現実の話として、労働者を本気で応援し味方する専門家は少なくありません。

その主力が弁護士ですが、労働者の味方をする弁護士は、労働者の味方をすることが「社会正義」に合致するということで、本気で労働者の弁護をしているのです。また、労働者を弁護するための情報は、その量も質も相当程度のものになっており、しかも、インターネットなどを通じてそれが大量に社会全体に普及しているのが実情です。

そして、労働者は、労働者を本気で弁護する弁護士に弁護され、また、ネットを通じて様々な情報を入手し、さらには自分の経験などをネットを通じて発信するなかで、泣き寝入りしない労働者が守られるという時代に入っているのです。

これに対し、経営者を本気で弁護し、力を貸す専門家はどれほどいるでしょうか。たしかに、弁護士や社会保険労務士を含む専門家に依頼をすれば、その依頼内容に沿った弁護活動をしてもらえますが、その弁護内容はどれだけ経営者の本音に沿ったものになっているでしょうか。そして、その弁護は、その後の労務管理にどれほど影響を及ぼしているのでしょうか。それをきちんとやりきっている専門家がいることも否定しませんが、多くの経営者は、実のところ、そのようは専門家がほんとうに少ないと感じているのではないでしょうか。

本書を作成した「ホワイト弁護団」は、本気で経営者を応援するための専門家集団です。本書の内容からも明らかなとおり、この弁護団は「本気で経営者を応援するから経営者も本気で適切な労務管理を含む経営をして欲しい」ということを要望しています。そして、この弁護団は、まずはその一部でも実行しようとする経営者を本気で応援します。

●ホワイト企業化、ホワイト認証取得のすすめ

労働者が働く企業を「選択」「選別」する基準は、当然「労働者の論理」がそのベースにあります。それは、企業における労働条件（賃金・労働時間・業務内容等）を踏まえ、同時に労働環境（職場環境）や法律を遵守しているのかどうかがその基本になります。これらの条件を充たす企業が「ホワイト企業」と判断され、現在および今後の労働者の企業選択基準になります。

このホワイト企業に対置される「ブラック」的経営を行なっている企業、あるいは「ブラック」色を表面上だけ薄めるような経営を継続する企業は、労働者の「選択」「選別」で手痛い目にあうことになります。たとえ入社時に誤魔化したとしても、入社すればその誤魔化しはすぐにばれてしまい、誤魔化された労働者は躊躇うことなく次の会社を探すからです。

また、経営者的な視点(「経営者の論理」)のみで労務環境を一方的に評価して「当社はホワイト企業です」と自己満足的に言ったところで(経営者同士では「御社はいい会社ですね」とお互いに褒めあうことが可能であったとしても)、労働法制の遵守を根本に据えない「自称ホワイト」は労働者には通用しないことになります。そのため、「自称ホワイト」企業でも、労働法制の遵守という実態が伴わない企業の評価は「ブラック」的経営と何ら異なることがないのです。

現在の労働市場の状況(「売り手市場」)において生き残り、発展していく企業は本物の「ホワイト企業」でしかないのです。しかし、どのような基準で「ホワイト企業」と判断されるのか、そして「ホワイト企業」という情報がどのようにシステムで労働者に伝わっていくのかは、現時点で十分に確立していません。そのためのシステム・ツールが、ホワイト企業を適正に評価する「ホワイト認証基準」であり、この「ホワイト認証基準」にもとづく「ホワイト企業の証明」が「ホワイト認証」となります。企業の中長期的な合理的発展をめざすのであれば、会社をホワイト企業化していくことが必要であり、また、そのホワイト企業化を労働者と社会全体にアピールしていくことも大事です。

ホワイト認証システム

ホワイト認証基準

① 経営陣が労働法制等を遵守する意欲を持っていること
② 社内労務管理規定等の整備状況、及び運用実態に問題がないこと
(ただし、軽微な問題がある場合には、それが是正され、あるいは是正の見込みがあること)
A：現在の運用実態に問題がないこと、
B：今後もその運用実態が維持発展すること、
C：仮に何らかの問題があった場合にも適正にそれが解決される見通しがあること

ホワイト認証制度の特徴

① 経営陣からの本音の聞き取り調査
② 規定等の整備状況及び運用実態についての現地調査
③ 運用実態等に関する従業員へのアンケート調査
④ 認証後における「フォローアップシステム」(対象企業の経営者からの相談及び従業員からの情報提供に基づく対応等の継続支援)の実施

ホワイト認証の効果

① 経営者は、安心できる労働環境の整備状況等が客観的に認証されることにより、新規雇用の確保や継続雇用の安定性の確保が実現できます。
② 労働者は、客観的に認証された安心できる企業に就労することにより、その意欲・能力を発揮できる労働環境下での仕事に従事できます。
③ ホワイト認証のもつクリーンな印象は、利用者・消費者に安心感を与え、企業のブランド力・販売力等が向上します。
④ 上記の複合的効果もたらす会社の合理的経営は、会社の中長期的な経営発展につながります。

労務トラブルQ&A

ホワイト企業をめざす会社経営者にとって、労務トラブルはもっとも避けなければならない問題です。ここでは労務トラブルの中核になるような典型的な問題を素材にして、経営者として必要とされる情報・知識を紹介します。

労働契約の全体像

労働契約も契約であり、契約当事者の合意によって成立します。典型的な契約である売買契約は、商品を渡し、それに代金を支払うことで契約は完了（終了）します。これに対し、労働契約は、契約当事者の合意によって契約が成立しても、契約成立後に契約当事者間に継続的な関係が生じることから継続的契約といわれています。

この継続的契約は、売買契約のような単純な法律関係ではないことから、契約の成立、契約の展開、そして契約の終了という各段階において様々な問題が存在します（図参照）。労働法は、それらの各段階における問題に対応するため制定されているものであることから、経営者としてはそれらの情報・知識を確実に身に付けておく必要があります。

本書の後半部分は、労務トラブルの中核になるような典型的な問題を素材にして、経営者として必要とされる情報・知識を提供する内容になっています。

企業の経営者として、ホワイト企業をめざすのであれば、ここで取り上げている典型的な問題についての基礎情報・知識を確実に身につけ、本書で把握した視点からその解決の糸口と解決の道筋を考えていくことが大事です。

労働契約の全体図

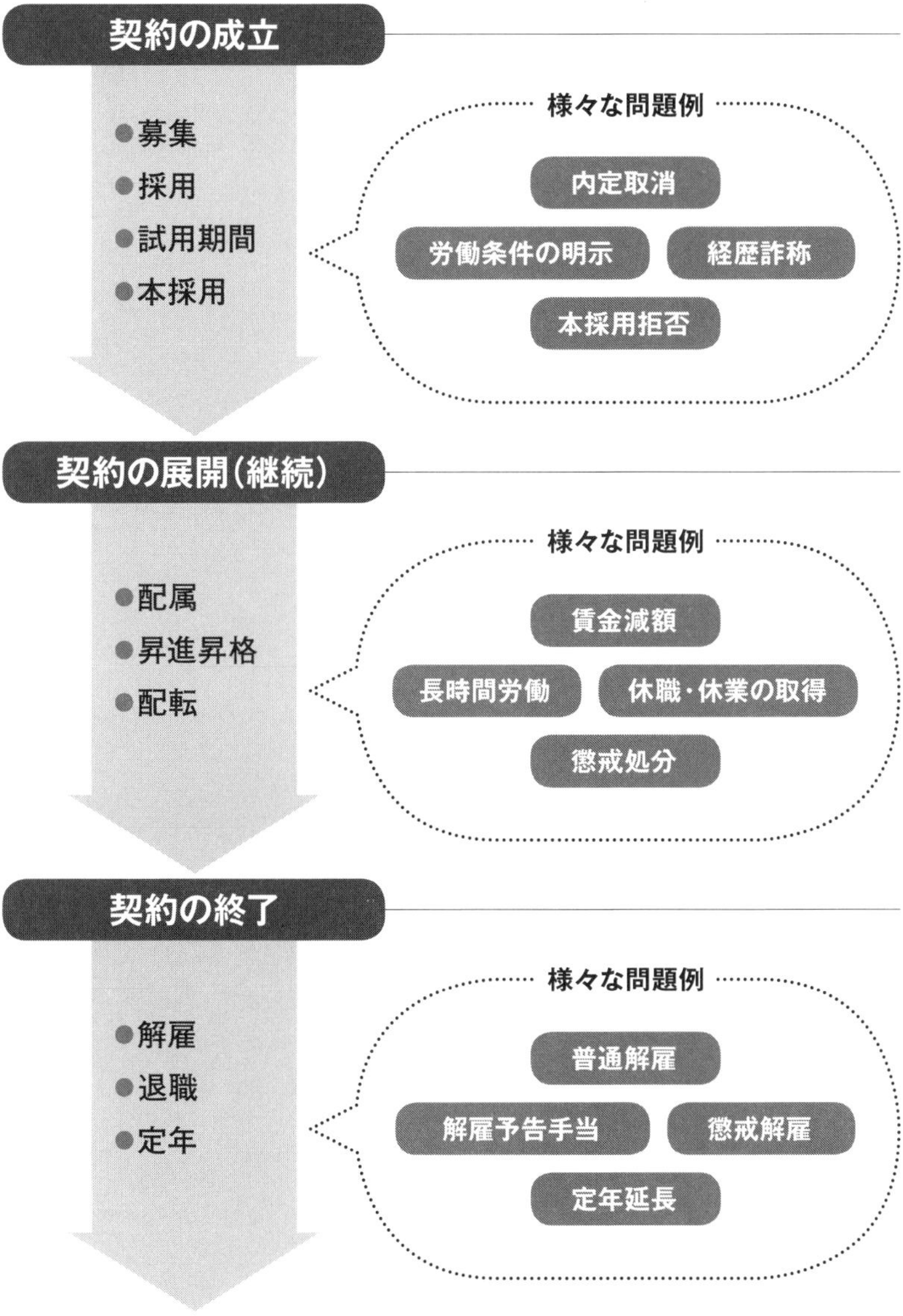
契約の成立
●募集
●採用
●試用期間
●本採用
様々な問題例
内定取消
労働条件の明示
経歴詐称
本採用拒否
契約の展開（継続）
●配属
●昇進昇格
●配転
様々な問題例
賃金減額
長時間労働
休職・休業の取得
懲戒処分
契約の終了
●解雇
●退職
●定年
様々な問題例
普通解雇
解雇予告手当
懲戒解雇
定年延長

労働契約の成立におけるトラブルへの対処

経営者にとっては、労働者の採用段階においてどのような労働者を採用するか（採用できるか）が非常に大事になってきます。このことを労働者の視点で見れば、どのような労働条件のもとで仕事をすることになるのか（仕事ができるのか）が大きな関心事ということになります。

労働法は、重要な労働条件についてあらかじめ書面で明示しなければならないと定めています。また、労働契約の成立段階では、募集、採用内定、試用期間があり、それは経営者からすれば必要とする労働者を選ぶ手続きの過程であり、労働者からすれば恣意的に選ばれないための手続きとなります。

要は、お互いに「不意打ち」にならないようにすること、また、経営者にとっても、これから働く社員にとっても、お互いのためになる法律上の各制度を「濫用」するのではなくシンプルにそれを「運用」するという視点を持つことが大切です。

Ｑ1

採用

社員を雇う時に注意しなければならないことは何ですか？

Ａ

法律は、採用に際して労働条件を明示するよう定めています。明示した労働条件と実際の労働条件が違う場合、労働者は労働契約をすぐに解約することができます。

労働条件の明示義務

会社と社員は、雇われて働くことについて契約（労働契約）を結びます。この契約を結ぶと、会社は、社員に給料（賃金）を支払う義務を負います。一方、社員は、会社の指示に従って誠実に働く（労務を提供する）義務を負います。

労働契約を結ぶ際に交わされた労働条件が、労働契約の内容となります。とくに、重要な労働条件である労働時間や賃金などについては、書面での明示が義務づけられていますので、後々のトラブルの発生を避けるためにも、契約に際してはできるだけ書面により締結しましょう（図参照）。

必ず明示しなければならない事項

1　契約の期間
- 正社員のように期限を定めない場合、「期間の定めなし」と記載する
- 契約社員のように期間を定める場合、契約期間及び更新する場合の基準を記載する

2　仕事をする場所・仕事の内容
どこでどのような仕事をするかを記載する

3　仕事の時間や休日等
始業と終業の時刻、残業の有無、休憩時間、休日・休暇、
交替制の勤務の場合のローテーションについて記載する

4　賃金
賃金額、計算と支払方法、締切りと支払いの時期、昇給について記載する

5　退職に関する事項
退職についての決まりや、解雇の事由について記載する

制度を適用する場合に明示すべき事項

6　退職手当

7　臨時に支払われる賃金（賞与など）

8　社員に負担させる食費・作業用品など

9　安全・衛生

10　職業訓練

11　災害補償・業務外の傷病扶助

12　表彰と制裁

13　休職

1～5（昇給に関する事項を除きます）については、
必ず書面を交付して明示しなければなりません（労働基準法施行規則5条2項）。
6～13の事項は、それぞれの制度を適用する場合にのみ明示すれば足ります。
たとえば、退職金制度がない会社は、退職手当について明示する必要はありません。

契約の際に明示した労働条件と実際に働いたときの労働条件が違った場合は、労働者はその労働契約を解約することができます。また、その場合、就業のために引越しをするなど、住居を変更した労働者に対しては、解約から一四日以内であれば、会社は、必要な旅費等を負担しなければなりません。

求人広告と労働条件

求人広告の記載内容が、そのまま労働契約の内容となるわけではありません。その後の採用面接や説明会などで説明された労働条件が、労働契約の内容となります。

このように、求人広告の記載内容が、労働契約の内容とならないとしても、後日、求人票見込み額を著しく下回る額を賃金額と定めるべきではありません。求人票は、公的機関であるハローワークに備え付けられた文書であり、求職者はその内容を信頼して応募する以上、求人票記載の労働条件は、きちんと記載するようにしましょう。

最近では、インターネットやＳＮＳも普及しているため、不適切な求人広告を行なった結果、それに応募した求職者がネット上に書き込みを行なうなどして、会社の信用を落とすことにもつながりかねません。求人広告の記載内容が、そのまま労働契約の内容となるわけではないとしても、通常は求人広告どおりの労働条件を期待して、募集に応じてくるわけですから、求人広告と実際の労働条件とに齟齬がないように配慮すべきです。

Q2

内定取消

新卒採用において学生に内定を出しましたが、その学生は水商売のアルバイトの事実を隠していたことが判明しました。この学生に対し、内定を取り消すことができますか?

A

採用内定でも労働契約は成立していますので、内定取消しは解雇にあたり、簡単に取り消すことはできません。

内定とは?

労働契約は、会社が求人票や募集広告を出し、その募集に対して働きたい者が応募し、会社が採用内定通知を出したときに、成立します。

ただし、会社が「当初は知ることができなかった事実」を理由として、採用内定を取り消すこと(解約権を行使すること)が認められる場合があります。

つまり、採用内定の段階で、すでに労働契約は成立しているのですが、内定を取消すことがやむを得ない場合には、契約を解約できるということです。

内定を取り消すことができる場合

採用内定が労働契約の成立である以上、内定の取消しは、解雇（解約）にあたり、正当な理由がある場合にしか認められません。内定者としては、その会社に就職できることを期待して、他の会社に対する就職活動をやめているわけですから、安易に内定を取り消すことは認められません。

しかし、会社からすれば、通常、数回の採用面接だけで内定者のすべてを知ることは不可能です。後になって、内定時に知っていれば採用しなかったであろう事実が判明することもあるでしょう。そこで、会社には、「当初は知ることができなかった事実」を理由として、採用内定を取り消すことが認められています。

では、どのような場合に、採用内定の取消しが認められるのでしょうか。

裁判では、「当初知ることができなかった事実」が生じた場合の内定の取消しの具体的理由を以下のようにあげています。

①内定者が学校を卒業できなかった場合
②内定者が必要な免許・資格を取得できなかった場合
③内定者の健康状態が悪化した場合

④　履歴書の記載内容に重大な虚偽があった場合
⑤　内定者が刑事事件を起こしてしまった場合

これらは、通常、内定通知書に条件（内定取消し事由）として記載されます。

もっとも、内定取消しの条件に該当する場合であっても、それだけで直ちに内定取消しができるわけではありません。たとえば、健康診断で異常が発見された場合であっても、内定取消しが認められるのは、業務に耐えられない程度に重大な場合に限られると考えられます。

なお、内定取消しが認められないにもかかわらず、会社の都合で一方的に内定を取り消すと、損害賠償を請求されることもあるので注意が必要です。

また、内定取消しについて、取消理由について十分な説明を行なわない、就職先の確保に向けた支援をしていないなどの場合には、企業名が公表されることがあります。

水商売のアルバイトの事実を隠していたことを理由に、内定を取り消せるか？

それでは、以上をふまえて冒頭の事例はどのようになるのでしょうか。

会社は、社員を雇用するにあたり、いかなる者を雇い入れるかについて、原則として自由に決定することができます（採用の自由）。水商売のアルバイト歴のない学生のみを採用することも認められると考えられるでしょう。

もし、採用活動の中で、水商売のアルバイトの経歴を重視していたにもかかわらず、学生がその事実を隠していたならば、内定取消しが認められるかもしれません。

ただ、新卒採用において、いったん内定を得た学生は、他の企業への就職活動をやめて、その会社に就職できることを期待しています。

そうすると、たとえ、水商売のアルバイト経歴が、業務内容にそぐわないとしても、他の職務へ配属するなど、その学生との話し合いの機会を設けるべきだと考えられます。いったん採用内定を出した以上、会社としては、安易に内定を取消すことは避けるべきですし、学生への対応も慎重に行なうべきでしょう。

また、水商売のアルバイト経歴が、そもそも予定している業務に直接支障をきたさないのであれば、内定取り消し理由とは認められないと考えられます。

Q3 試用期間後の本採用拒否

三か月の試用期間を定めて社員を雇い入れましたが、期待していた能力がないことが判明しました。本採用を拒否できますか?

A

試用期間は、社員の適性をみるためのものですが、本採用を拒否する場合、内定同様、解雇にあたり、簡単にはできません。

試用とは?

社員は、採用内定後、入社日を迎えて実際に働くことになりますが、入社から数か月の間、「試用」することによって、その人物・能力などを見て本採用するかどうかを見定めることがあります。その期間（試用期間）は、社員の適性をみるための、いわば「見習い期間」ともいえます。

採用内定の段階で労働契約は成立しますから、試用の段階でも当然に労働契約は成立しています。

しかし、試用期間は、社員の適性をみるための期間ですから、社員が適性を欠く場合には、解雇することもやむを得ない場合があります。つまり、採用内定と同じように、試用期間についても、ある事情のもとでは労働契約を解約することができます。

なお、試用期間中でも、一四日を超えて雇用されている場合は、解雇予告制度が適用されます（Q12参照）。

試用期間中の解雇や試用期間満了後の本採用拒否ができる場合は？

試用期間とはいえ、労働契約は成立していますから、本採用の拒否は限られた場合にしか認められません。

裁判では、本採用の拒否は、試用期間中に、当初知ることができなかった事実や、著しい勤務態度の不良、能力の欠如などが明らかになった場合にのみ、本採用を拒否することができます。

したがって、試用期間中の解雇や、試用期間満了後の本採用拒否は、内定取消しに準じて考えることができます。

たとえば、業務を習得する熱意がなく、上司の指示に従わないうえに、協調性に乏しい社員の本採用拒否を認めたケースがあります。他方で、試用期間中の社員の勤務成績に多少問題があったとしても、会社には、一定の矯正・教育を尽くす義務があるとして、本採用拒否を認めなかったケースもあります。また、試用期間満了時までに、会社の求める水準に達した可能性があったとして、試用期間満了前の解雇を認めなかったケースもあります。

能力の欠如があったとしても、本採用拒否が安易に認められるわけではありません。

期待していた能力がないことを理由に本採用を拒否できるか？

試用期間とは社員の適性をみる期間ですが、社員を教育する期間という側面もあります。会社が社員に十分な教育をし、社員がそれに応えてスキルアップして自己実現していくことで、会社に対しての信頼を得て、会社の業績を向上させる力になっていくというのが理想的な社員との関係です。適正な教育も施さず、社員の能力が低いことを理由として、安易に本採用を拒否することは認められないでしょう。

また、会社としては、社員に一定のスキルを要求するのであれば、あらかじめ、試用期間において達成すべきスキルを具体的に明示しておくべきです。

ただし、期待していた能力が著しく欠如しており、改善可能性も低く、それが、採用活動を通じては知ることができないものである場合などには、本採用の拒否が認められる可能性もあります。もっとも、このような場合であっても、会社は、社員の適性に応じた他の職務への配属の可能性などの検討を尽くすべきです。

労働契約の展開（継続）におけるトラブルへの対処

労働契約は、売買契約と違い、継続的な契約です。社員が、働いていくなかで、昇給し、キャリアアップすることで課長や部長に昇進したり、会社の都合で配転することによって、職場が変わることもあります。

また、会社の経営状況や社会の経済情勢、法律の改正など、日々会社を取り巻く情勢が刻々と変化していくなかで、労働契約もそれらの影響を受け、その内容の変更を余儀なくされる場合があります。

そして、そのような変化は、それが経営者あるいは社員にとっては、一面では利益であったり、別の面では不利益であったりすることから、経営者としてそれらの問題にどのように向き合い対応していくのかが日常的に問われることになります。

この問題は、経営者が労働契約にもとづき、その責任（義務）を自覚し、その自覚と覚悟によって様々な問題に真正面から対応するという視点を強く持つということが重要です。

Q4 就業規則

就業規則は、どの会社も必ず作成しなければなりませんか？

A 常時一〇人以上の社員を雇っている会社は、必ず就業規則を作成し、労働基準監督署へ届け出る義務があります。

就業規則とは？

就業規則とは、その職場で働く社員の労働条件や、共通して守るべきルールを定めたもので、会社の労務関係の基本的ルールとされるものです。このような内容が定められていれば、どのような名称であれ就業規則として取り扱われます。就業規則の内容が合理的で、社員に周知されていれば、その就業規則は労働契約の具体的内容となります（労働契約法七条）。

就業規則は、常時一〇人以上の社員を雇っている会社は、必ず作成しなければなりません（労働基準法八九条）。一〇人未満の会社には、就業規則の作成義務はありませんが、もし作成していれば同様に労働契約の内容となり、社員は就業規則の適用を受けます。

会社にとっては、就業規則は、社員の労働条件を統一的に管理できるメリットがあるといえます。もっとも、就業規則は社員全員の労働条件を定めるものですから、その内容に問題があった場合には、社員全体との関係での重大な問題につながる可能性があるため、その内容は慎重に定めなければなりません。

なお、就業規則を「周知」する方法には、以下のような方法があります。

① 常時、各事業場の見えやすい場所に掲示する
② 書面を交付する
③ 社内ＬＡＮなど、コンピュータによって見ることができるようにする

就業規則の変更

就業規則は、社員全員の労働条件を定めるものであり、労働契約の内容となるものですから、就業規則の変更は、社員全員の労働契約の変更を意味します。

会社が、就業規則を一方的に不利益に変更することは、原則として認められません。就業規則を不利益に変更する場合、基本的には、会社と社員との同意によらなければなりません。

しかし、社員の同意がなくても、就業規則の不利益変更が認められる場合があります。具体的には、以下の二つの要件を満たせば、不利益変更が認められます。

① 不利益に変更した後の就業規則を社員に周知させていること

② 変更した就業規則の内容が合理的であること

②の要件については、社員の受ける不利益の程度、労働条件の変更の必要性、変更後の就業規則の内容の相当性、労働組合、労働組合がなければ社員の過半数代表との交渉の状況など、総合的に判断されます。

就業規則の変更は、変更の必要性があり、会社が、社員の理解が得られるように、真摯な態度で十分な説明を行なってきた場合には、社員の同意がなかったとしても、不利益変更が認められる可能性があると考えられます。

社員とは今後も継続的な関係が続き、社員の業務に対するモチベーションは会社の業績につながることもありますので、労働条件の変更には、社員に納得してもらえるよう、十分な説明を尽くすべきでしょう。

Q5

賃金の支払い

ある社員が、明らかにダラダラと仕事をし、必要とは思えない残業をしています。それでも賃金を支払わなければならないのでしょうか？

A

賃金は全額支払わなければなりません。

賃金を払わなければ違法

労働契約は、社員が働き、それに対して会社は賃金を支払うという契約です。「ダラダラ働いている」という理由で、賃金を払わなくてもよいという理屈にはなりません。

賃金は全額支払わなければならないのが原則です（労働基準法二四条）。

ただし、労働者が命じられた仕事をしていないならば、その部分については賃金を支払わなくてもよい、ということに理屈上はなりますが、労働者が労務の提供をしていない、ということを立証するのは現実には困難です。無断欠勤であればともかく、会社に来てはいるが十分に仕事をしていない、といった程度で賃金を支払わないことは違法になります。

「社員がダラダラ仕事をしている」「無駄な残業をしている」という問題は、社員の問題ではなく、まずは、会社の労務管理の問題です。そのような社員には、きちんと労務管理をし、社員を指導・教育することが必要です。それでも、このような状況が続くようであれば、解雇手続に入ることもやむをえないことです（Q13を参照）。

賃金の減額

賃金は、全額払わなければならないので、「社員がダラダラ働いている」という理由で、賃金の減額もできません。会社の業績が悪化しているという理由でも賃金を減額することはできません。会社は、一方的に給与を減額することはできないのです。なぜなら、労働契約で、その賃金額を支払うと約束しているからです。

会社と労働者は、お互いに納得したうえで、労働契約を結んでいますから、一方的な賃金の減額は労働契約に違反することになります。もし、賃金の減額をしたいのであれば、労働者ときちんと話をして納得してもらったうえで、手続きを踏み、就業規則を変更する必要があります（Q４参照）（社員が一〇人以下で就業規則を持っていない会社は、労働者ときちんと話し合い納得してもらったうえで、新たな労働契約に合意する必要があります）。

残業代

「無駄な残業をしている」としても、残業代は払わなければなりません。

さきほど述べたように、これも労務管理の問題ですので、残業代を払いたくないのであれば、残業そのものをなくすか、残業を減らすことを考えることになります。これにより、結果として会社全体のためによい結果を生むことになる場合もあるからです。

最近では、定額残業代（固定残業代）と呼ばれる手法が広く普及しています。

たとえば、求人広告で、月収二五万円と記載し、実際には、その月収に残業代が含まれている場合があります（たとえば、二〇万が基本給で五万円が四五時間分の残業代）。この手法は、近年「ブラック的手法」として、強く批判を受けています。組み込まれている残業代を超えた分をきちんと支払っていれば問題はありませんが、それならわざわざ最初から残業代を組み込んだ月収にせずに、きちんと残業代を払うようにすればよいということになります（コラム②参照）。

また、年俸制を採用しているからといって残業代を支払わなくてよい、ということにはなりません。そもそも、「年俸制」という言葉の意味はあいまいで、法律にそのような言葉があるわけではありません。給与と賞与を含めた金額を年額で決めた制度、という以上の意味はありません。年俸制にしたからといって残業代の支払い義務が発生することに注意すべきです。

管理職には残業代を払わなくて良いは本当？

労働基準法は、「管理監督者」(「監督若しくは管理の地位にある者」)について、労働時間規制を受けないとしています(労働基準法四一条二号)。つまり、「管理監督者」は、原則一日八時間しか働いてはいけないというルールや、残業代の支払いなどのルールが適用されないとしているのです。多くの会社は、この「管理監督者」を、単に管理職と置き換えて、係長や課長クラスに残業代を払わない扱いをとっています。しかし、法律が、「管理監督者」に残業代が発生しないと扱っているのは、管理監督の立場であれば、自分の労働時間については自己の裁量で管理ができ、働き過ぎの問題が生じないと考えているからです。

ですから、「管理職」や「店長」、「工場長」などの役職にあるからといって、必ず「管理監督者」に当たるわけではありません。役職にはついているものの一般の従業員と同じく決まった時間に出退勤しなければならないような人の場合、「管理監督者」に当たらないとして残業代が発生することになります。いわゆる「名ばかり管理職」といわれている問題です。

従業員から裁判を起こされた場合、会社が負けることもありますので注意が必要です。

Q6

労働時間

社員は、毎日一〇時間働いていますが、これって違法ですか？

A

必ずしも違法となるわけではありません。

労働時間の原則と例外

会社は、休憩時間を除いて、労働者を、原則として週四〇時間、一日八時間以上、働かせてはいけません（労働基準法三二条）。これに違反すると六か月以下の懲役、あるいは三〇万円以下の罰金が科されます。

休憩時間については、労働時間が六時間を超える場合には少なくとも四五分、八時間を超える場合には少なくとも一時間の休憩時間を労働時間の途中に一斉に与えなければなりません（労働基準法三四条）。

ただし、原則には例外があるもので、三六（さぶろく）協定と呼ばれる労使協定を結べば、週四〇時間以上、一日八時間以上、働かせることができます（労働基準法三六条）。

三六協定とは、労働基準法の三六条に定められている協定のことで、社員の過半数が参加している労働組合、それがなければ社員の過半数から選ばれた代表者との間の協定のことです。

では、この三六協定を締結すれば無制限に何時間でも働かせることができるのでしょうか。

法律では、厚生労働大臣が労働時間延長の上限を定めています（週一五時間、月四五時間、年三六〇時間）。ただ、この基準を超えた労使協定を無効にしたり、使用者に罰則を課すものではありません。三六協定を結べば、残業させることができますが、残業をさせれば、割増賃金を支払わなければならないことは言うまでもありません。

労働時間はどこからどこまで？

純然な業務中は労働時間にあたるとしても、出勤してから会社を出るまでの間のどこまでが労働時間に当たるのでしょうか。

法律は、休憩時間は労働時間に当たらないとしているだけです。

この点に関して、裁判所は、「労働者が使用者の指揮命令下に置かれている時間」と判断しています。

つまり、社員が会社の命令で行なっている行為と評価されれば労働時間ということになります。

たとえば、制服や作業着への着替えや、仕事が始まる前に掃除をさせることも、会社が社員に義務として行なわせている行為であれば労働時間ということになりますので、気を付けましょう（コラム④参照）。

なお、休憩時間は、社員が自由に利用できるものでなければならないため、休憩時間中であっても、お客の対応をしなければならないような状態であれば労働時間と評価されますし、所定時間外や休憩時間に行なわれる研修や企業の行事など、会社から参加を強制されている場合もすべて労働時間に当たります。

労働時間に当たるかは、「労働者が使用者の指揮命令下に置かれている時間」であるかどうかによって判断されるため、就業規則あるいは労働契約上、いくら休憩時間とされていても労働時間と評価されることになります（図参照）。

労働基準法上の労働時間

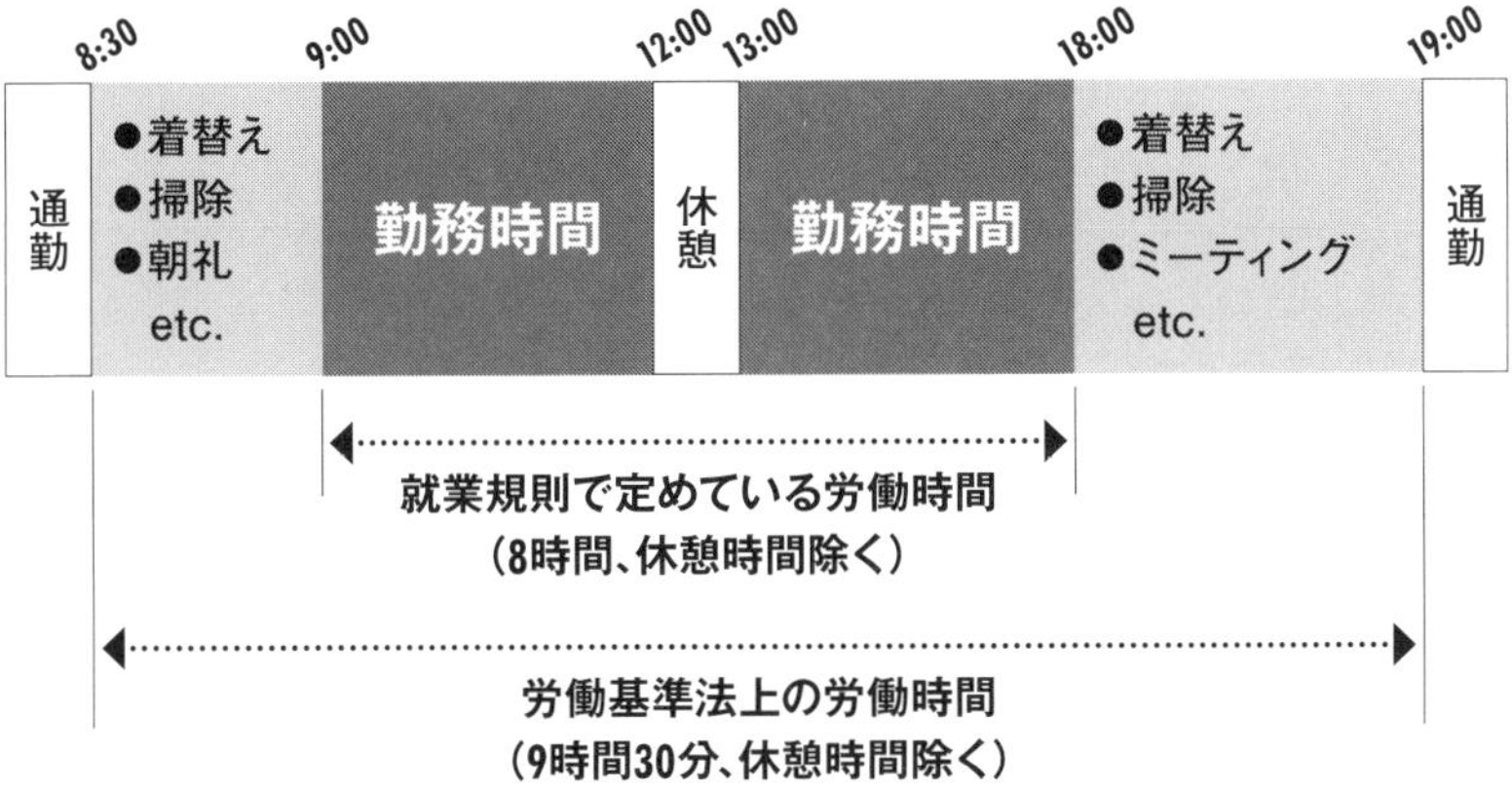

Q7

配転

通勤時間が、これまでの一時間から三時間かかる職場への配転を命じようと考えています。このような配転は許されるでしょうか？

A

就業規則に定めがあれば、原則認められます。ただし、認められないケースもあるので気を付けましょう。

有効な配転命令

会社の就業規則で配転することがあることがあらかじめ定められていれば、原則、配転命令は法的に問題ありませんが、まずは、本人の同意をきちんと得ることが重要です。

ここでは、会社の配転命令に対して、社員が拒否している場合が問題となります。

配転については、とくに法律で定められていません。裁判では、就業規則で配転について定めている場合であっても、①本当にその配転が会社の経営上必要なのか、②不当な動機や目的で配転命令を出していないか（たとえば、退職へ追い込むためのいやがらせの場合です）、③配転が、その社員に著しい不利益を負わせていないか（たとえば、配転する社員に病気や介護を必要とする家族がいて看護ができなくなる場合です）、といった事情を総合的に判断して、配転命令を認めない場合があります。

つまり、配転によって生じる勤務地の移転など社員への負担の強制と、使用者の社員への適正配置や業務運営の円滑化という効果とを比較し、後者の利益が大きいといえる場合に、その配転命令は、法律上有効であるということです。

配転の費用

社員が配転命令に従い、転勤した場合にかかる費用について、会社が負担しなければならないかは、法律では何も規定されていません。しかし、会社の都合で社員に転勤をしてもらうわけですから、ある程度の負担を会社が負う必要はあるのではないでしょうか。そうでなければ、優秀な人材は集まらないでしょうし、社員が会社を辞めていくかもしれません。

多くの会社では、あらかじめ就業規則に転勤旅費規程を定めて、転勤にかかった費用で、会社が負担する費用を定めています。

また、引っ越しに要する準備期間としての特別休日を与えるべきです。

Q8 有給休暇

繁忙期に旅行に行くという理由で有給休暇の申請をした社員に対して、拒否することはできますか？

A

原則として、有給休暇は、社員が希望すればその希望する日に休みを与えなければなりません。ただし、その希望した日に与えると「事業の正常な運営を妨げる」場合には、その時季を変更することができます。

時季変更権

社員が、年次有給休暇（有休）の申請をした場合には、その希望した日に、賃金（手当含む）を保障したうえで休みを与えなければなりません（労働基準法三九条）。ただし、その希望した日に、その社員が、会社を運営するにあたって不可欠であり、代替要員を確保できない場合は、その日にちを変更することができます（時季変更権）。

具体的には、①その社員が休みをとることによって、具体的に事業全体に支障が生じること、②人員配置の適切さや代替要員確保の努力など社員が指定した時期に年休が取れるよう使用者が状況に応じた配慮を尽くしているかどうかを考慮して判断されます。

①の要件のみならず②の要件が付加された背景には、会社が業務遂行上の必要人員しか確保していないとすると、常に社員が有休を確保できないこととなるため、これを回避するために、経営者にも社員への配慮を促し、年次有給休暇の趣旨を満足させようとしたものといえます。

会社が繁忙期に入り、経営者が人員配置の適切さや代替要員確保

継続勤務年数と有休日数

6か月経過日から起算した継続勤務日数	有休日数
1年	11日
2年	12日
3年	14日
4年	16日
5年	18日
6年以上	20日

※ 6か月以上継続勤務した社員（出勤率は8割以上）には、10日の有休を付与しなければなりません。表は6か月経過した後の1年ごとの付与日数を記載しています。
※ ここでの付与日数は、労働基準法で定められた最低基準であり、会社ごとにこの基準以上の有休日数を定めることも可能です。

パート労働者の有休付与日数

週所定労働日数	1年間の所定労働日数	継続勤務期間						
		6か月	1年6か月	2年6か月	3年6か月	4年6か月	5年6か月	6年6か月以上
4日	169～216日	7日	8日	9日	10日	12日	13日	15日
3日	121～168日	5日	6日	6日	8日	9日	10日	11日
2日	73～120日	3日	4日	4日	5日	6日	6日	7日
1日	48～72日	1日	2日	2日	2日	3日	3日	3日

※ パートやアルバイトでも、単に１日の労働時間が短いだけであれば、社員と同様の有休日数を与えなければなりません。
※ この表の対象となるのは、（週所定労働時間30時間未満＋週所定労働日数４日以下）の労働者、あるいは年間所定労働日数が216日以下の労働者です。

の配慮をしても、なお事業への支障が生じるといえる場合には、時季変更権を行使することが許されることになるでしょう。

トラブル回避のための処方箋

有休取得にまつわるトラブルが生じるとしたら、そもそもその理由はどこにあるのでしょうか。

それは、経営者と社員との間のコミュニケーション不足により、社員から代替要員の確保が不可能な時期に有給休暇の取得の申請がなされることにあるのではないでしょうか。

有給休暇の趣旨は、社員の休息やキャリアアップの促進にあり、ひいては社員に活力とアイディアが生まれ、会社の利益にもつながるのですから、社員に有給休暇を取得してもらうことは、会社活性化のためにはよいでしょう。また、経営者は社員との間で積極的に話し合いの場を設けることで代替要員の確保が難しい時季に有給休暇の取得の申請がなされることから生じるトラブルを回避できるはずです。

Q9

休職・休業

精神疾患を患っている社員が、社内でも問題行動を繰り返しているので、休職扱いとし、症状が良くならなければ解雇しようと思っているのですが、問題ないでしょうか?

A

その精神疾患が就労困難なものであるときちんと判断できているのであれば休職扱いにしてよいですし、休職にもかかわらず症状が良くなっていないこと（復職が可能なほどに回復していないこと）を期間満了時点できちんと判断できているのであれば、解雇も有効です。

休職・休業とは

休職とは、社員が就労できない場合や就労させることが適切でない場合に、雇用関係は維持したまま、一時的にその就労を免除または禁止することをいいます。休職と一口にいっても、その目的や内容は様々であり（病気休職、自己都合休職など）、そもそも休職制度を設けるか否か、設けるとしてもどのような制度にするのかは、基本的には経営者の判断に委ねられています。休職制度を命じるためには、就業規則や労働契約に規定を置かなければなりません。

また、出産・育児・介護等を理由とする休業については、傷病休職や自己都合休職とは異なる規制が及びます。

休職中の賃金

休職期間中は、社員は働いていないので、原則として賃金を支払う必要はありません。もっとも、休職中の社員が職場復帰を望み、客観的に一定の就労が可能であるにもかかわらず、その社員の復職を拒否した場合には、賃金を支払わなければならない場合がありますので、注意が必要です。

休職期間満了後の解雇

休職期間が満了した時に、客観的に復職が困難な場合には、自然（自動）退職あるいは解雇となります。もっとも、定められた休職期間が不当に短かったとか、復職が可能であるか否かについて期間満了時点できちんと判断できていないような場合には、その解雇は不相当なものとして無効とされることもありますので、慎重な判断が必要です。

育児休業等を理由とする不利益な取扱いの禁止

産休・育休・介護休業といった諸制度を利用したことによって社員が不利益を受けるとすると、法律が産休・育休・介護休業といった制度を設けた実益が失われてしまいます。そのため、産休・育休・介護休業を取得したことを理由として社員を不利益に扱うことは、法律上禁止されています。たとえば、産休・育休・介護休業を利用したことを理由に、その社員を解雇したり、賞与の支給要件として出勤率を設定したうえで育休期間を欠勤扱いとすることは、違法となる可能性が高いでしょう。

なお、産休・育休・介護休業等を理由とする不利益取扱いに当たるかどうかは、形式的ではなく実質的に判断されることもありますので、注意が必要です。たとえば、育児休暇明けの労働者の配置変更が、名目上は会社経営上の理由にもとづく配置変更だとしても、不利益取扱いに当たる場合があります。その他の様々な事情から、その実態が育児休暇取得を理由とする配置変更であったと判断されれば、その配置変更が、法の禁じる不利益取扱いに当たることもありうるからです。

Q10

懲戒処分

社員が勤務中に職場のパソコンを使って私用メールを大量に送信していることが発覚しました。この社員の問題行為を懲戒処分の対象とすることができるでしょうか?

A

勤務時間中に職場のパソコンを使って私用メールをしている場合は、職務専念義務違反となり、同時に企業設備で職場のパソコンの目的外利用として施設管理権との間で問題も生じるため、懲戒の対象となります。もっとも、その有効性に関しては頻度や内容等に照らして義務違反の程度が重大な場合に限定されます。

懲戒処分とは

懲戒処分とは、労働者の企業秩序違反行為に対する制裁罰であることが明確な、労働関係上の不利益処分をいいます。つまり労働者が服務規律に違反するなどの企業秩序を乱す行為を行なった場合に、使用者が当該行為に対する制裁として科す不利益な措置をいいます。これは、企業においては多数の労働者が働いているため、企業秩序違反を行なった労働者に対して制裁を科すことにより、職場のモラルとモチベーションを維持し円滑な企業活動を促進することを目的とするものです。

一般的な懲戒処分の種類は、軽いものから順に、けん責、かい告、減給、出勤停止、降格、諭旨解雇、懲戒解雇などです。

懲戒処分が有効と認められるには

懲戒処分を行なうには、事前に就業規則（あるいは労働契約）で、懲戒の種類や「勤務中に職務に専念せず、正当な理由なく私的行為を行なったとき」「許可なく職務以外の目的で会社の施設、物品等を使用したとき」などのように、どのような場合に懲戒処分となるのか、そしてその場合、どのような処分をされるのかをきちんと定め、社員に周知させなければなりません（Q４参照）。

これは、懲戒が制裁罰の性質を持つ刑罰に類似したものであるため、罪刑法定主義の原則より要請されるものです。つまり、経営者が恣意的に問題行為を認定し罰するのでは労働者に対する不意打ちとなりフェアではないので事前にそのルールを定めておきましょうということです。

気を付けなければならないのは、社員の問題行為に対してなされた懲戒処分が重過ぎないかということです。

たとえば、勤務時間中に行なった私的メールについて、その頻度・内容、職務への影響、社員の反省などを考慮して、それに見合った処分内容を決定しなければなりません。

また、多くの企業において労働者の私用メールをある程度は黙認しているという実情を考えると、経営者が従前黙認されてきた私用メールについて懲戒処分を行なうには、社員に対して十分な警告を行なうことが必要でしょう。

手続きはしっかりと

就業規則（あるいは労働契約）に、懲戒処分に際して本人に弁明の機会を付与する、または、懲罰委員会の調査・審議を経ると規定されているにもかかわらず、これらを行なうことなく懲戒処分が行なわれた場合には、無効と判断される場合があるでしょう。

就業規則にその規定がなかったとしても、弁明の機会を与えないのは、問題があると思われます。本人に対して弁明の機会を与えることは正確な事実をきちんと認定するという意味でも丁寧な手続きを経ているという意味でも、懲戒処分の有効性を担保するものです。ですから、経営者は懲戒処分を行なうに際してはなるべく弁明の機会を与えるように努めるべきでしょう。

Q11

継続雇用制度の導入

私の会社では、定年を六〇歳と定めていますが、継続雇用のための制度を設けていません。問題はありますか？

A

原則として、①定年を六五歳以上にする、②継続雇用制度の導入、③定年の廃止、のいずれかの措置をとる必要があります。

高年齢者雇用確保措置の義務化

法律では、原則として、次の①～③のいずれかの措置を講じなければなりません。

① 定年を六五歳以上とする
② 継続雇用制度の導入
③ 定年の廃止

以上の制度を設けていない企業は、必要に応じて企業名が公表され、ハローワークでの求人を行なえないなどの不利益を受ける可能性があります。

継続雇用後の労働条件

継続雇用制度を導入した場合、雇用を希望する社員全員を継続雇用しなければなりません。継続雇用後の労働条件については、これまでの仕事より責任が軽い仕事に変えて、労働条件を引き下げる場合が多いでしょう。ただし、賃金の引き下げ幅は、法律の趣旨である六五歳までの雇用保障の趣旨に反しないようにしなければなりません。大幅な、仕事の変更や労働条件の引き下げは、社員の定年までの勤務の意思を削ぐものと判断される場合があります。

また、職務内容はそのままで、一年契約を更新するような継続雇用を実施する場合には、気を付けなければならないことがあります。

法律では、有期契約労働者と無期契約労働者との間で、期間の定めがあることにより不合理に労働条件が違うことを禁止しています。そのため、継続雇用した社員が、職務内容はそのままで、有期契約である場合、他の社員と労働条件が低いということで、この法律に引っかかる可能性があります。雇用継続制度のためという理由だけでは不合理と認定されるリスクがあります。

労働契約の終了におけるトラブルへの対処

経営者にとって、共に働く社員を採用することと同様に問題となってくるのが、期待した働きをしてもらえない社員を辞めさせたい（解雇）、あるいは会社の業績悪化のため、人件費の削減をする必要から人員を削減する（整理解雇）、ということです。

経営者の多くが、「そもそも労働者を解雇することができない労働法は労働者を守りすぎる悪法だ」と思っている人が少なからずいますが、それはまったくの勘違いです。経営者は、基本的には、社員を解雇することができます。ただし、きちんとした手続きを踏んでいないため解雇が認められないのです。法が求める手続きを尽くしていれば適法とされる解雇も、いいかげんな対応をしたために違法な解雇とされてしまうのです。

仮に、社員が期待した働きをしなかったという理由で解雇したいと考えるのであれば、まずは、経営者が業務命令を社員にきちんと出していたかを自分に問い直す必要があるでしょう。社員を解雇するということは、まさに、労務管理の実態が問われていることに他なりません。

解雇という方法が本当に会社にとって必要なのかを慎重に考えて判断をくだすことが重要です。

Q12

解雇予告手当

ある社員を辞めさせたいのですが、一か月分の給与を支払えばやめさせることができるのですか？

A

会社が社員を解雇しようとする場合、三〇日前にその予告をするか、三〇日分以上の平均賃金を支払うことが法律で定められています。しかし、解雇予告手当を払えば解雇できるわけではありません。

会社が社員を解雇しようとする場合、少なくとも三〇日前にその予告をしなければなりません。三〇日前に予告をしない場合、三〇日分以上の平均賃金を支払う必要があります（解雇予告手当、労働基準法二〇条一項）。

もっとも、この解雇予告手当を支払えば、いつでも解雇ができるわけではありません。解雇は、客観的で合理的な理由がなければならず、それが認められる場合でも、解雇という措置が重すぎないようにしなければなりません（労働契約法一六条）。

たとえば、能力が不足しているとか、勤務成績が不良であるというだけでは簡単に解雇は認められません。能力不足や勤務成績が悪いことを理由に解雇が有効とされるのは、その程度が著しく、その社員がいることによって会社の経営や運営に支障や損害が生じているといえるような場合に限ります（くわしくはQ13照）。

また、遅刻が多いなど社員に落ち度がある場合の解雇についても、簡単に解雇が認められるわけではありません（くわしくはQ14参照）。

また、会社の業績が悪化したことなどによって人員を削減する必要が生じたことを理由に解雇する場合（整理解雇）、①人員削減の経営上の必要性、②解雇回避の努力、③合理的な選定基準の設定とその公正な適用、④労使間の協議義務という四つの要件（基準）を満たす必要があるとされています。（くわしくはQ15参照）。

その他労働組合員であることを理由とする解雇の禁止、性別を理由とする差別的取り扱いの禁止、産休の取得などを理由にした解雇を禁止する定めが個別の法律によって規定されています。

解雇は社員の人生に大きな影響を与えます。また、社員が取引先と築いてきた関係や技術なども失うことになります。社員に対してそれまで十分な社員教育をしてきたのか、社員の能力を伸ばす努力をしてきたのか、経営者としての手腕なども問われます。法律上解雇が認められるかどうかを考えると同時に、本当にその解雇が必要なのかをよく考えてください。

Q13

能力不足による解雇

書類の記入ミスが多く、電話の応対も悪い社員がいます。繰り返し注意しても改善されません。この社員を解雇できますか？

A

単なる能力不足や勤務成績不良で解雇はできません。

会社の就業規則には、能力不足、勤務成績不良、適性欠如などがあった場合、解雇することを定めていることが少なくありません。

裁判では、長期にわたり勤続してきた社員を勤務成績・勤務態度の不良を理由として解雇した場合に、社員の不利益が大きいこと、それまで長期間勤務を継続してきたという実績に照らして、それが単なる成績不良ではなく、企業経営や運営に具体的に支障・損害を生じさせる、あるいは重大な損害が生じる可能性がある場合でなければ解雇は認められないと判断しています。

解雇を避けるための努力

また、能力不足や勤務成績不良の程度が著しく、その社員がいることによって会社の経営や運営に支障や損害が生じていたとしても、それだけで解雇が認められるわけではありません。

まず、その社員の教育や指導が必要です。たとえば、再三に渡って注意や指導をしたり、研修を行なうなど能力や勤務成績など向上のための機会を与えることが必要です。そして、零細企業の場合は難しいかもしれませんが、その社員の配置転換をするなど適性に見合った職種を検討することも必要でしょう。

きちんと記録を残す

注意や指導は文書や記録に残すことが重要です。これは、会社からみれば、後々紛争が生じた場合に教育・指導をしたことの証拠になります。実務上、このような記録がないために解雇が認められないことは少なくありません。また、社員からみても、口頭で注意される場合に比べて今後の課題や目標などを明確化できるという意義もあります。

人の記憶は移ろいやすいものです。時の経過によって、注意・指導された社員がその事実を忘れてしまうこともあります。繰り返し注意や指導をしても改善がなされないのであれば解雇はやむを得ない、と解雇される社員の納得を得るためにも形に残すことが不可欠です。

キャリア採用や職種限定採用の場合

特定の職種や専門的な能力を前提に中途採用した社員については、当初予定していた能力を具えているか否かといった観点から、裁判では解雇を緩やかに判断する傾向にあります。

この場合には、入社時においてどのような職務遂行能力があると合意していたのか、期待されていた能力の基準が明確であるかなどが問題となります。この場合、教育による改善の見込みや配転によって適正な職場を確保するという事情がさほど重視されていません。

経営者に問われるもの

以上のように、能力不足や勤務成績が不良であるとしてすぐに解雇ができるわけではありません。能力や勤務成績を引きあげるための教育や指導を行なうとともに、配置転換など社員の適性をふまえた業務を確保することなどが必要になってきます。

とくに、社員にどのような教育・指導をするかは、経営者の腕の見せ所でもあります。解雇の場面だけではなく、会社の発展と社員の能力向上のため、どのような教育・指導をすればよいのかについて分析・検証することが経営者には求められます。

Q14

懲戒解雇

遅刻を繰り返し、たびたび無断で会社を休む社員がいます。何度注意しても是正されず、先日は重要な取引先との会議に遅刻して、結局その会議が延期となりました。このような社員を懲戒解雇にできますか？

A

懲戒解雇にあたる場合でも、簡単に解雇が認められるわけではありません。

有効な懲戒解雇とは？

懲戒解雇が有効となるためには、就業規則（あるいは労働契約）に懲戒規定が定められていることが必要です。就業規則に懲戒解雇事由として、「正当な理由なく無断で度々遅刻、早退又は欠勤を繰り返し、数回にわたって注意を受けても改めなかったとき」、「数回にわたり懲戒を受けたにもかかわらず、勤務態度等に関し、改善の見込みがないと認められたとき」などと定められていることがよくあります。

懲戒解雇を行なうには、社員の行ないが会社で定められている懲戒規定に該当するだけではなく、手続きをきちんと踏んでいるか、他の社員が同様の行為を行なった場合にも同様の処分がなされているか、その行ないに対する処分として解雇が重すぎないか、などが問題となります。

社員の落ち度と解雇

懲戒解雇の場合でも再就職が不利になるため、懲戒解雇に相当する場合でも、懲戒解雇手続をとらず、より軽い普通解雇手続を選択する場合もあります。社員の将来や生活を考えれば、経営者としてこの手続きを選択することが賢明な場合も少なくないでしょう。

このような解雇の有効性は、その解雇の合理性、相当性が判断されます。

たとえば、宿直勤務だった地方局のアナウンサーが寝坊をして、二週間に二度にわたってラジオニュースを五分間放送できなかったというケースで、会社は早朝ニュース放送の万全を期すべき措置を講じていないことやアナウンサーはこれまで放送事故歴がなく普段の勤務成績も悪くないことなどから、裁判所は解雇を無効としました。

以上のように、社員に落ち度などがあったからといって簡単に解雇が認められるわけではありません。社員の落ち度の頻度や会社に与えた損害、会社がミスを防止するためにどのような体制をとっていたかが総合的に問われることになります。

Q15

整理解雇

ここ数年、売り上げや営業利益が下がり続けています。会社の業績が悪化したことを理由に社員を解雇することはできますか？

A

業績の悪化を理由として社員を解雇する場合、いくつかの要件（基準）を満たさなければいけません。

整理解雇の要件（基準）

会社の業績が悪化したことによって、人員を削減する必要が生じたからといって、簡単に社員の首を切ることはできません。

この場合、裁判所は、基準を設け、これらの条件を満たせば、解雇を認めるとしています。すなわち、①経営上、人員を削減することが必要であるか（人員削減の必要性）、②経営上、人員を削減する必要があったとしても、社員の解雇を回避するための努力をしたか（解雇回避の努力）、③解雇を回避する努力をしたにもかかわらず、解雇を実施しなければならない場合、合理的な選定基準を設定したうえで、解雇の人選が公正に行なわれたか（合理的な選定基準の設定）、④整理解雇について、社員ときちんと話し合いをもったかどうか（労使間協議）、です。

人員削減の必要性

人員削減が、経営不振、不況など企業経営上の十分な必要性にもとづいて行なわれることであると認められることが必要です。裁判では、この必要性については会計書類などに表れる収支などの状況、新規採用の動向などをふまえて判断されます。

解雇回避の努力

人員削減の必要があったとしても、会社は解雇を避けるための努力をしなくてはなりません。どこまでの努力をすべきかについては会社の規模などによっても異なりますが、具体的には、賃金カット、残業抑制、経費削減、新規採用停止、配転や出向、希望退職募集など他の手段によって解雇回避の努力をしたのかなどが問われます。会社の規模が小さい場合には、解雇回避の努力としての配転・出向などの対応が不要になる場合もあります。

合理的な選定基準の設定

会社は、解雇するものの選定について事前に客観的で合理的な基準を設定する必要があります。このような基準が設定されない場合や、客観性や合理性がない基準にもとづく整理解雇は無効となります。具体的には、勤続年数などの企業貢献度、年齢、勤務成績や能力などの評価などを基準とするものがありますが、合理的な基準であるか否かは事案に応じて個別具体的に判断されます。

また、人選自体も合理的なものである必要があります。性別・信条などで差別することは許されません。

労使間の協議義務

会社は、社員や労働組合があれば労働組合に対しても、整理解雇の必要性とその時期・規模・方法、整理解雇者の選定基準などについて納得を得るために説明を行ない、誠意を持って説明・協議しなければなりません。何の説明・協議もなく、「明日から会社に来るな」と社員に言い渡すなど、一方的に解雇を行なうことは許されません。

整理解雇は、通常の解雇とは違い、社員には何の落ち度もないにもかかわらず職を奪われるわけですから、経営者としては、きちんと納得を得るように誠意をもって対応することが求められるのです。

おわりに

「少数精鋭による会社運営」からホワイト企業を考える

「当社のように小さな会社は、社長である私を含めた少数精鋭の社員で頑張るしかないんです。もちろん労基法は守り、残業が多くなった場合にはきちんと残業代は支払っています。価格競争・サービス競争に負けないために日々臨戦態勢で社員一丸となって頑張っています！」

このような熱意を持った社長の姿勢は素晴らしいことです。社員もまた社長の熱意に共感してその力を発揮していると想像できます。同時に、日々臨戦態勢がいつまで続くのか、社長を含め社員がどこまでその臨戦態勢に対応していけるのか、という危惧を持たざるをえません。

この会社がホワイト企業であるかと問われれば、残業時間が法令にもとづく上限規制の範囲内であり、他の労働実態が各種法令に適合する限りホワイト企業であるとの判断も可能です。

しかし、この会社は、たとえば、社長や少数の社員に病気などのトラブルが発生した瞬間に、その「しわ寄せ」が他の社員に及んでしまう結果、一気に「ブラック的」労務環境に陥ってしまいます。経営者の熱意は当然に肯定されるべきですが、その熱意を労務管理を含む会社全体のスタイル・方向性にどう反映させていくのかがきわめて重要なのです。

本書は、労務管理に関する経営者・経営陣の「哲学」や「基本スタンス」などについての方向性を示すものですが、各企業（法人）においてそれをどう具体化するのかを示し切れていません。その具体化は、各企業（法人）の実情・実態に応じて、それぞれの経営者・経営陣がそれを真剣に考え、実践すべきものだからです。

先ほどの会社について言えば、「価格競争・サービス競争」に勝つための社内体制が「少数精鋭でいく」とされているのは、社長の経営判断の結果なのでしょう。しかし、そのギリギリのビジネススタイル・スキームが本当に合理的であるのか、少数であっても「精鋭」と考えられる素晴らしい社員がいるのであれば、そのようなスタイルを取らずに、「価格競争・サービス競争」ではない別のスタイル、あるいは工夫の余地はないのかなどを検討すべきです。今までのスタイルが社長の長年の経験をベースにした結果であるのなら、そこに社員のアイディアを加えて新たなスタイルを検討・実施するという方向も十分にありうるのではないでしょうか。

「ホワイト企業をめざす」ということは、それ自体が目的ではなく、それによって企業（法人）の中長期的な発展をめざすということにその目的があります。このことを根本に据えて、経営者・経営陣の皆様には、「当社におけるホワイト企業の具体的内容」を所属社員（労働者）の力にも依拠しながら、それを検討・実践していただきたいと強く考えています。

ホワイト企業に「企業価値」があるということ

「企業（法人）の中長期的な発展をめざすのであれば、ホワイト企業が合理的である。」という結論は、私の様々な経験や経営者・経営陣から聴き取ったものからの帰結であり、いわば「実践経験からたどり着いた結論」です。

この実践的経験にもとづく結論について、ある時、学術・学問レベルでも同様の結論が導き出されているのを知り、大変驚くとともに非常に嬉しくなりました。

同志社大学の土田道夫教授（法学部・法科研究科）は、「労働法が企業法の一環を形成する」としつつ「労働法コンプライアンスの欠如」が「企業価値に影響を及ぼす例はきわめて多い」ことを指摘し、「労働法コンプライアンス」（本書における「ホワイト企業の実現」と言い換えることが可能です）が株式市場をベースとした企業分野においてもその市場企業価値を高めるとの指摘をされているのです（「企業法と労働法学」『講座労働法の再生　第6巻　労働法のフロンティア』日本評論社）。

本書は、主に中小企業経営者・経営陣を射程において、その労務管理についての哲学・基本スタンスなどを提案する内容になっていますが、それは本来的には上場企業を含めた大企業にも共通するものです。その意味で、市場経済原理にもとづく本来的な自由競争をめざそうとする経営者・経営陣は、その業種・規模にかかわらず本書の内容をそれぞれの企業（法人）の現状、置かれている状況を踏まえながら具体化し実践してその企業価値を高めていただきたいと考えています。

「会社を本当にどうしたいのですか」

本書は、構想三年、執筆二年という期間を経て作成されたものであり、本当に刊行できるのか不安の連続でした。

本書は、「はじめに」でも述べたとおり、従来の「経営本」「労務管理本」とはまったく別の視点・角度から作成され、かつ本音で語る「経営者ブック」なのです。読者の皆さんは、「ふざけるな」「何を言っている」「現場を知らない」というご意見をお持ちになるかもしれません。しかし、全体を通じて言いたいことは、本音の本音のところで「あなたは会社を本当にどうしたいのですか」ということです。「会社を本当にどうしたいのか」その部分を真剣かつ真正面に考えるなかで、本書の内容をその一部でも活かしていただければ幸いです。

ホワイト弁護団代表　弁護士
大川原　栄

ホワイト弁護団

ホワイト弁護団は、「ホワイト企業」をめざす企業の経営改善支援を行ない、当該企業の中長期的経営の安定化を図るとともに、「ホワイト認証」を推進していくことにより、健全な企業活動による社会発展をめざす団体です。

●責任監修・執筆代表者
大川原　栄（代表、東京スカイパーク法律事務所）
●執筆協力者
田場　暁生（副代表、城北法律事務所）
西川　研一（副代表、弁護士法人響）
石原　正貴（事務局長、東京スカイパーク法律事務所）
有岡佳次朗（弁護士法人響）
石井　宏之（弁護士法人あい湖法律事務所）
葛田　勲（葛田勲法律事務所）
加藤　幸（城北法律事務所）
澁谷　望（弁護士法人響）
田村　優介（城北法律事務所）
塚越　邦広（新大塚いずみ法律事務所）
中山　雅雄（雅法律事務所）
坂東　大士（弁護士法人響）
結城　祐（城北法律事務所）

めざそう! ホワイト企業
—経営者のための労務管理改善マニュアル

2017年11月10日　初版第1刷発行
編著者　ホワイト弁護団
装丁・デザイン　波多英次
発行者　木内洋育
発行所　株式会社　旬報社
〒162-0041　東京都新宿区早稲田鶴巻町544 中川ビル4階
TEL　03-5579-8974　FAX　03-5579-8975
ホームページ http://www.junposha.com/
印刷製本　日本ハイコム株式会社

ISBN978-4-8451-1517-4